GLOBAL CITIZEN

グローバル・シチズン

世界標準の
自分らしく夢を叶える
7《セブン》ルール

川尻征司
Seiji Kawajiri

扶桑社

GLOBAL CITIZEN
グローバル・シチズン
とは?

自分の国だけでなく
世界的な視野で
物事を考え、行動する人のこと。

世界はつながり、
複雑にからみ合い、
影響し合っている。
だから、物事を地球規模で考え、
すぐにでも行動する必要があるのです。

序章

私たちは歴史の「転換点」に生きている

変化の時代に
どう対応するか？

世界幸福度ランキングで、フィリピンは第3位

「サラップ・ナン・ブーハイ！」

これはフィリピン人がよく使う言葉で「人生は最高！」という意味です。

『世界幸福度ランキング』という調査がありますが、「純粋幸福度」、つまり「自分が幸せかどうか？」という調査では、フィジー、コロンビアに続き、フィリピンは世界第3位でした（WIN/Gallup International リサーチ）。

主要国から見ると、フィリピンはまだまだ経済的には恵まれているとは言えない状況です。2023年の平均月収が11万円程度と、経済的には先進国と比べて、決して裕福ではない国なのに、これほど幸福度が高いのはなぜでしょうか？

現地で長く暮らした私には、なんとなくその理由がわかる気がします。

それは、フィリピンの人たちがたくさんの人とつながり、愛を与え、愛を受け

取っているからです。

子どもから大人まで、そして歳を取った方も、いつもニコニコと笑い、世間話をして、感情豊かに人生を楽しんでいます。

家族や親戚、友人たちとの距離が近く、お互いを気遣い、愛し合っていることが伝わってきます。

彼らを見ていると、幸せはお金では買えないということがよくわかります。

お金と幸せの価値観が大きく変わってきた

たくさんの本の中から、この1冊を手に取っていただき、ありがとうございます。初めまして。川尻征司《かわじりせいじ》と申します。

私はフィリピンで事業を起こした起業家であり、今では世界中にある複数の会社のオーナーでもあり、投資家でもあります。

自分のための投資ではなく、創業間もない企業に対して資金を供給し、社会に貢献することを目的としています。

私は世界中を回り、さまざまな分野で成功している方々と仕事をしてきました。

アメリカをはじめ、欧州、中東、アフリカ、インド、オセアニア、アジア……と各国を回っていると、私たちは時代の大きな「転換点」に生きていることを実感します。


それは、お金と幸せの価値観が大きく変わってきているということです。


これまでは、お金持ちが成功者と言われてきました。

しかし、これからはお金に依存しない時代がやってきます。

今までは「成功」の基準は、持っているお金の量でしたが、今後は情報力や応援力や夢を語る力が価値を持つ時代がやってきます。

成功の基準は「やりがい」や「自己実現」したかどうか、です。

また、「どれだけ周りの人たちを幸せにしたか」が問われてきます。

お金の有無が人の幸せを左右する時代は、間違いなく終焉《しゅうえん》を迎えます。

大好きなことをしてワクワク生きる幸せな人と、やりたくもないことをしてイヤイヤ生きる縛られた人。

私たちの進む道は、くっきりとこの2つに分かれていくのです。

そして、どちらの道を選ぶかの選択権もあなたに与えられています。

豪邸ばかりの芦屋の中で、わが家は灯りさえなかった

私は1982年に兵庫県芦屋《あしや》市で生まれました。芦屋と言えば、お金持ちが住む地域というイメージがある方も多いと思います。

実際、周りは裕福な家庭が多かったのですが、私は普通の家庭で育ちました。

しかし、7歳のときに父親が株で大失敗し、両親が離婚したころから生活が激変。家賃も払えず、電気も止められるという極貧生活に陥り、母親はストレスから病気になって入院。私は家計を助けるために新聞配達を始めました。

毎朝4時起きで、猛暑の日も台風の日も、重いペダルの自転車を必死にこいで、来る日も来る日も休みなく、毎日300軒以上配達しました。

貧乏になる前は、誰もが知る上場会社に勤める親を持つ子らと友だちでしたが、

朝、新聞配達をしている姿を見られたときは恥ずかしくて消えてしまいたい気分でした。

高校卒業後は美容師を志して関西美容専門学校に入学。なぜ美容師かと言うと、わが家は祖父、父、兄と、美容室経営をしている美容師一家だったからです。

27歳まで美容室の店長として充実した日々を送っていたのですが、**「一度きりの人生、何か大きなことに挑戦したい」**という思いが、ずっと胸の奥にくすぶっていました。そこで、一念発起。海外で事業を起こす決意をして、フィリピンに渡りました。

カネなし、コネなしの状態でフィリピンで起業

なぜ、フィリピンだったのか？　それには、理由があります。

中国や韓国、台湾やインドなどへは、すでに日本の商社がたくさん進出しており、「そこにビジネスチャンスはないな」と考えました。

また、東南アジアの他の国では財を成した日本人がたくさんいましたが、フィリピンで成功した人はほとんどいませんでした。

さらに、フィリピンは東南アジアの中でも人口の平均年齢が24歳と、経済発展のポテンシャルを感じたからです。

最大の理由は、アジア唯一の英語圏だったこと。中国は中国語、ベトナムはベトナム語というように言葉の壁がありますが、フィリピンは、母国語のタガログ語より英語という日本人に馴染《なじ》み深い言語のほうが話されていたからです。……とは言いながらも、最初は英語もタガログ語もほとんど話せない状態でした。

筆舌に尽くしがたい大変な苦労はありましたが、私はフィリピンで、カネなし、コネなしの状態から、不動産販売を中心に、たった2年間で確実に財産を築いていきました。

そして現在は、世界中をビジネスの舞台として、不動産会社・金融会社・ホテル・投資会社などのビジネスオーナーとなりました。

もし、最初に渡航した国がアメリカや中国だったら、今の私は存在していなかったでしょう。日本人の競争相手がいなかったフィリピンという国に、ビジネスチャンスを感じたのです。**理屈ではなく、直感を信じて行動してみるのも、起業家として大成する道なのかもしれません。**

日本も世界も「想定外の時代」に突入していく

今、私は海外で暮らし、日本にはほとんど滞在しない生活を送っていますが、心のふるさとは今でも大阪であり、日本という国をとても愛しています。

外から見たら、日本は本当に素晴らしい国です。

安全で、衛生的で、優しい国民性です。財布を落としても返ってくる国は世界の中でも珍しいと思います。

犯罪率も低く、凶悪犯も海外に比べるとダントツに少ない国が日本です。

私は、日本人に生まれてよかったと心から思っています。

その一方で、悲しいことに経済的に少しずつ衰退していることは間違いありません。実際、日本に帰国するたびに、私の友人や親から「円安はいつまで続くのかしら？」「ハイパーインフレは本当に起こるの？」と尋ねられることが、ずいぶん増えてきました。

この本を手にした皆さまも、「日本の将来は大丈夫だろうか？」「これからの世界はどうなっていくんだろう？」といった不安や疑問をお持ちだと思います。そう考えるのも当然です。「平成」から「令和」と元号が変わってからわずか数年の間に、予想もしなかった未曾有《みぞう》の出来事が次々と起こっているからです。

2020年の新型コロナウイルスの感染拡大に始まり、ロシアのウクライナ侵攻やイスラエルのガザ侵攻など、大いなる「想定外の時代」に突入していることは間違いないでしょう。

激動の時代に変化が起きるのは、政治や経済の分野だけではありません。テクノロジーの急激な発展により、人の仕事がＡＩ（人工知能）に代わる流れは進んでいきます。

地球温暖化で、ハリケーンや大洪水や山火事が世界中で頻発しています。

まさに、「変化の時代の幕開け」と言えるでしょう。

一度始まった変革の連鎖は、もう止められません。

時代の大波に呑《の》まれないためには、波を読み、泳ぐ力を鍛えることが必要です。

古い「価値観」と「常識」は捨てよう

新時代において、あなたが生き残っていくための最も重要なキーワードは、「今までの常識を捨てよう」ということです。

これから起こる時代の変化に対応するには、例えるなら「自分の脳」という古いＯＳを最新のものにバージョンアップしなければなりません。

マインドそのものをリセットする必要があるのです。今までの常識を、迷いなく軽やかに捨てられる人になれるかどうかが試されているのです。

「今までの生活も価値観も捨てられない」と悩まないでください。

150年前、日本人は男性も女性もみんな和服を身にまとっていました。靴を履いている人なんて誰もいません。ネクタイも1人も締めていません。侍《さむらい》が刀を持って、往来を闊歩《かっぽ》する時代でした。


私たちのご先祖さまたちも、時代の大波を乗り越えてきたのです。

新しい科学やテクノロジーとうまく付き合いつつ、使えなくなった古い常識はどんどん捨てて、世界的な視野で物事を捉えられる人になりましょう。

それこそが、この本のテーマである、自らの頭で考え、自ら行動できる「GLOBAL CITIZEN（グローバル・シチズン）」なのです。


さあ、歴史が大きく変わる「転換点」がもうすぐやってきます。

古い常識を捨て去り、新しい頭脳にスイッチを切り替える準備はできていますか？

「グローバル・シチズン」とは世界に貢献する人のこと

2023年9月23日、ニューヨークのセントラルパークで開催された『グローバル・シチズン・フェスティバル（GCF）』というイベントをご存じでしょうか？政治とエンターテインメントを融合した音楽フェスで、無名のオーストラリアの若者がビル・ゲイツに直談判し、莫大な資金援助を受けてスタートしました。

GCFは単なる音楽フェスではありません。「地球の持続可能性」や「貧困と飢餓の撲滅《ぼくめつ》」などを理念に掲げ、2012年から毎年行われています。ビヨンセ、コールドプレイ、BTSといったミュージシャンや、ナタリー・ポートマン、マット・デイモンといった俳優などが出演してきた超人気イベントで、毎回10万人規模の観衆が集まります。

その影響力は年々拡大しており、このイベントの後援を受けて誕生した政治家もいるくらいです。

日本では2025年の大阪・関西万博開催期間中に、GCFを開催する計画が進んでいます。これまで9ヶ国で行われてきましたが、アジア（インドを除く）では初の開催です。

私もスポンサーとして協力する予定になっていますので、実現した際には、「グローバル・シチズン」を目指す日本の取り組みの第一歩としてぜひご来場ください。

この「グローバル・シチズン」という言葉は、2012年に国連が提唱した「グローバル・シチズンシップ・エデュケーション」が起源だと言われています。

日本の文部科学省は「地球市民教育」と翻訳しており、「学習者が国際的な諸問題に向き合い、安全で持続可能な世界の構築に率先して貢献するようになることを目指すもの」と定義しています。

要するに、**「グローバル・シチズン」とは「自分の国だけでなく世界的な視野で物事を考え、行動する人」だと言えるでしょう。**

私たちは激動の時代において、この「グローバル・シチズン」を目指さなくてはなりません。なぜなら、すでに皆さまも実感されていると思いますが、日本で起こっている気候変動や温暖化の問題は、日本という狭い視野だけで解決することはできないからです。

世界はつながっており、さまざまな問題も複雑にからみ合い、影響し合っているのです。物事を地球規模で考え、すぐにでも行動する必要があるのです。

日本人は「グローバル・シチズン」として信用されている

日本という国も「グローバル・シチズン」としての自覚を持てば、明るい未来を引き寄せることができます。

例えば、ここ数年、政治的・経済的な問題から中国が「世界の工場」という立ち位置を失いつつあります。当初はインドがその受け皿になると言われていましたが、インド人の国民性（約束を守らなかったり、時間にルーズだったりする人が多い）が原因となり、そのポジションは限定的なものになりそうです。

一方、台湾最大の半導体メーカー『TSMC（台湾セミコンダクター・マニュファクチャリング・カンパニー）』が熊本に工場を建設するなど、世界の工場としての立場を日本が取り戻しつつあります。

日本人の優秀さと勤勉さ、円安、低い物価が注目され、九州や北海道に大規模な工場が次々と建設されているのです。


さらに、日本では中国や韓国のように「特許技術が盗まれる心配がない」ということも、世界各国の先端技術を持つ企業に注目されている理由の1つです。

産業的なチャンスをつかむためにも、「グローバル・シチズン」を目指す必要があります。


仕事、お金、家族、友人、人間関係、日常生活を含め、私たちを取り巻く環境は、今この瞬間も変化しています。私たちは、「これからの時代をどう幸せに生きるか？」という人生の岐路に立っています。

一方は、**自分の才能を活かし、たくさんの人たちに応援され、周囲の人たちをすべて幸せにしながら自由に生きる道……。**

もう一方は、自分の才能にフタをして、孤独で、周りの人や世の中を恨んで、一生お金に苦労して、縛られて生きる道……。

どちらを選ぶかは、あなた次第です。

本書は、あなたが夢を叶えるための指南書です。「グローバル・シチズン」になる考え方や具体的なアクションをお伝えしていきます。

激動の時代に自分自身と向き合い、世界の変化を正しく受け止める方法を7つの章にまとめ、「セブンルール」として詳しく説明しています。

ぜひ、どんな時代でも生き抜ける「グローバル・シチズン」を目指してください。

GLOBAL CITIZEN グローバル・シチズン
世界標準の自分らしく夢を叶える7《セブン》ルール　目次

序章

第3ルール
「お金」のことに詳しい日本人になる

第4ルール　日本は「可能性」を秘めている

第7ルール　私たちは誰でも「冒険の書」を持っている

第1ルール

「未来予測」で変化の時代に生き残る

固定観念は
アップデートできる

天動説から地動説へ。古い固定観念を捨てよう

1992年、ローマ教皇のヨハネ・パウロ2世が「重大発表」をすると述べ、世界中の人たちが固唾《かたず》を呑んで発表を待ちました。そして、教皇はおごそかに「教会は天動説を放棄し、地動説を認める」と宣言したのです。

このとき、ガリレオの死から350年経っていましたが、初めて教会はガリレオを有罪とした裁判の間違いを認めたのです。

文明が誕生してから数千年間、「太陽が地球の周りを回っている」と信じられてきました。このように、私たちは固定観念の鎖に縛られた世界で生きています。変化の大波を乗り越えるには、間違った思い込みを捨てられるかどうかが大切。それがあなたの人生を左右します。

では、どうしたら固定観念を捨てることができるのでしょうか？

特に必要な能力は次の通りです。

【柔軟性】……時代の変化に対応できる、柔軟な思考や行動が求められます。新しい知識やスキルを学び、適応することが重要です。

【自己成長】……新しいことに関心を持ち、常に学び続ける姿勢が大切です。自分のスキルや知識を広げていくことが求められます。

【コミュニケーション能力】……複雑化する時代には、多様な人々と協働しなければ問題解決ができません。そのためには、コミュニケーション能力が重要となります。異なるバックグラウンドの人々と協力して、目標に向かって進む力が大切になります。

【創造力】……新しいアイデアを革新的な方法で形にする、創造性が必要になります。柔軟に物事を考え、独自の視点で問題解決ができるようになりましょう。

この他にも、**「他人の意見に耳を傾ける傾聴力」「新しい世界に飛び込むチャレ**

ンジ精神」など、あなた特有の能力を磨いてください。

さて、21世紀の現代では、誰もが地動説を信じていますが、科学的には地動説も天動説もどちらも正しいと言えます。なぜなら、それは視点の問題だからです。地球に視点をおけば、確かに「宇宙は回っている」のです。

多様性の時代であればあるほど、「オリジナルのものの見方」を持つことで注目されます。**新しい視点に基づいた行動を、仕事やプライベートにおいて実行することで、あなたの信念に共鳴する応援者がたくさん現れるからです。**

グローバル・シチズンの法則

●固定観念があなたの思考と行動を縛り付けている。

●独自の価値観を持つことで多くの人から応援される。

私たちは「第四次産業革命」の真っ只中に生きている

１７００年代後半、イギリスで第一次産業革命が起こりました。「蒸気機関」による動力を機械化させて作業効率を大幅に向上させることができました。

１８００年代後半に起こった第二次産業革命は、「電力」を用いて、工場での大量生産を可能にしました。

１９００年代後半には第三次産業革命がスタート。コンピューターによる計算や作業が可能になりました。そして、２０００年代前半、第四次産業革命、「インダストリー４・０」が巻き起こりました。

ＡＩとＩｏＴ（モノのインターネット）によって、データ収集・解析が行われ、生活や産業においてマシンの「自動化」が可能になったのです。

現在、私たちは第四次産業革命の真っ只中に生きています。

あらゆるモノがインターネットにつながったＩｏＴ、どんな質問にも一瞬で答えてくれる生成ＡＩなど、すべてのものが自動化されていきます。

特に、生活を激変させるのが、次のようなＡＩとロボティクスの融合です。これによって、古いものが消え、新しい世界が実現します。

【画像認識】……最新の駐車場では駐車券が発行されなくなりました。ＡＩが車のナンバープレートを自動的に読み取り、その番号と照合して料金を支払うシステムになっています。

【無人レジ】……将来的に、「店員」という仕事はなくなるかもしれません。無人レジは、すでにユニクロなど一般の店舗でも始まっています。入店した顧客の顔を画像認識し、手に取った商品も画像認識し、退店時に決められた決済手段で自動的にお金が支払われるシステムに変わっていきます。これによって、接客も大きく変わってきます。

【自動運転】……高齢者の運転事故が限りなくゼロになります。最近はお年寄りによる事故が多くなっていますが、「人間が運転するのは緊急事態のみ。それ以外の運転は禁止」という時代が来るのは、そう遠くないかもしれません。

【言語の同時通訳・翻訳】……言葉の壁が完璧になくなります。すでに、『グーグル翻訳』などで実現していますが、今後、世界中の人たちと話したり、文字を書いたりした場合、たちどころに通訳・翻訳してくれるでしょう。

これらの変化が相互に影響を与える「新たな時代」に、私たちは適応していかなければなりません。

そして、予測は日々変わるため、常に最新情報を受信する必要があります。やってくる未来をよりよいものにしようとする意識も大切でしょう。

グローバル・シチズンの法則

●「私たちは変化の時代に生きている」という自覚を持つ。
●新しい世界が実現すると、新しいビジネスチャンスが生まれる。

変化するのは「お金と仕事」だけではない

２０１６年の正月に、日本で放送されているテレビを見る機会がありました。そのときのトップニュースが「スタバの福袋が買い占められた！」で、世界の緊迫した状況とあまりにもかけ離れた内容に衝撃を受けたことをよく覚えています。

なぜなら、２０１５～２０１６年は、「イスラム過激派のテロが世界中で頻発」「中東難民が欧州に殺到」「チャイナショック」「英国が国民投票でＥＵ離脱を決定」など、世界は激動の渦中だったからです。

四方を海に囲まれている日本は、歴史的に世界の変化から隔絶されてきました。ニュース番組のほとんどが、国内の事件や出来事に終始しています。

しかし、これから数年の間に世界を呑み込む変化の大波は、極東に位置する日本でも避けることができません。

今後、世界はどのように変わっていくかをお伝えします。

【暗号通貨とデジタル決済】……ブロックチェーン技術の普及により、従来の通貨や決済方法が変わります。すでに多くの方が、ビットコインをはじめとした暗号通貨など、さまざまな現金以外の決済手段を使っているでしょう。

この変化によって、経済システム自体が大きく変化する可能性があります。具体的には現金が消え、デジタル通貨に切り替わり、政府が発行するお金の動きはすべて管理・捕捉《ほそく》される未来です。

【リモートワークとオンラインコミュニケーション】……新型コロナウイルス感染拡大の影響で、全世界的にリモートワークが普及しました。新型コロナの影響が収まった後も、人々はいちいち移動するのではなく、オンライン（Ｚｏｏｍや ＬＩＮＥなど）で仕事をしたり、コミュニケーションをとったりしています。

これは将来的に、「メタバース」が普及する下地になっている、と私は見ています。さらなる技術の発展により、ビジネスやエンターテインメントの形態が大きく変わるかもしれません。

【スマートシティとインフラの変革】……スマートシティ（情報通信技術による都市の最適化）が進みます。都市やインフラをスマート化（デジタル化）することで、交通網やエネルギー制御などが効率化されます。現在、世界各国で開発競争が進んでいる「空飛ぶクルマ」も、その一端を担うでしょう。

海外では、ゼロからスマートシティを作り出すプロジェクトも進んでいます。サウジアラビア王国の大規模スマートシティプロジェクト「ＮＥＯＭ《ネオム》」は、砂漠の真ん中に全長170キロメートル・高さ500メートルの直線型高層都市『THE LINE』の建造を計画しています。

これが完成すれば、世界の都市勢力図は一変するかもしれません。

【医療技術の進歩】……遺伝子編集技術や再生医療、テレメディシン（ＩＴ技術を使って遠隔地から診察・治療を行う技術）も進歩が著しい分野です。

病気の予防や治療の方法が変わり、寿命がさらに延びると考えられます。

意外にも日本はロボット手術が盛んであり、『ダビンチ』という遠隔手術支援ロボットの導入台数はアメリカに次いで第2位です。

遠くない将来、あなたもロボットによる手術を受ける日が来るかもしれません。

【気候変動】……「地球温暖化」は農業や水資源に影響し、自然災害のリスクを増やすなど、私たちの生活に直接関わる問題です。２０２３年８月、東京の猛暑日（最高気温35℃以上）は月間17日を数えました。

しかし、世界に目を向けると、これを超える危険な状況がたくさん見られます。例えば、ギリシャでは２０２３年７月に43℃を超える気温が観測され、史跡のアクロポリスでは日陰がないため一時的に閉鎖される事態になりました。

厳しい時代を生き残るには、世界に目を向け、変化を直視する必要があります。

グローバル・シチズンの法則

- **想像を超える「デジタル化の波」がやってくる。**
- **未来は予測できるし、対応策を練ることもできる。**

アメリカ、中国、ロシアに対抗するエマージングカントリーとは？

すでに、アメリカ一国が支配的な力を持つ世界は終わり、次項でご紹介する「グローバル・サウス」をはじめとする発展途上国が力を持ち始めています。

しかし、私たち日本人の多くは、この変化に気づいていません。

いくつかの大国やたくさんの地域が、「経済力・政治力・軍事力」で競争し、影響し合う多極化した世界になります。

具体的には次の7つの未来予測に対して、対策を講じておく必要があります。

1. 中国がますます台頭してくる

経済発展、軍事力の増強、『一帯一路』政策などにより、中国はアメリカと競合する勢力範囲を拡大し、国際秩序の形成に力ずくで参画してきます。

2. ロシアが地政学的に復活する

エネルギー資源や軍事力を背景に、プーチン政権は領土問題やウクライナ問題を利用して、ロシアの地政学的な影響力を高めていきます。

3. 新興国（エマージングカントリー）が台頭する

エマージングカントリーとは、中南米、東南アジア、中東、中欧諸国のことですが、注目される国々には「BRICs《ブリックス》（ブラジル、ロシア、インド、中国、南アフリカ）」「VISTA《ビスタ》（ベトナム、インドネシア、南アフリカ、トルコ、アルゼンチン）」「NEXT11《ネクストイレブン》（ベトナム、韓国、インドネシア、フィリピン、バングラデシュ、パキスタン、イラン、エジプト、トルコ、ナイジェリア、メキシコ）」というグループがあります。

近いうちに、インドやブラジルなどの経済発展国は、アメリカや中国、ロシアなどに対抗する第4勢力となるでしょう。

4. ヨーロッパの統合政策が危うくなる

イギリスのEU離脱や、同じくEUから距離をおこうとするポピュリズム政党の台頭などで、ヨーロッパの統合は大きく揺らいでいきます。

5．地域紛争と国際テロはなくならない

今後も、中東やアフリカ、東南アジアなど多くの地域で紛争や国際テロが続くでしょう。国際社会全体が、これらの解決に向けた協力や対立を繰り広げることになります。

6．サイバー戦争が巻き起こる

情報技術の発展によって、大国だけでなく小国家や非国家組織が大きな力を持つようになりました。それらの各勢力のサイバー戦争が激化し、ますます各国は情報戦や技術開発競争に力を入れるでしょう。

7．環境問題に世界中の国々が取り組む

地球温暖化や資源などの環境問題は、世界各国の安全保障にも影響を与える問題であり、さまざまな国や組織による包括的な協力体制の構築が進むでしょう。

多極化した世界では、アメリカの影響力が相対的に弱まります。するると、さまざまな国家や地域の利害が交錯し、国際政治や経済において混乱が生じます。

日本も新たなパワーバランスの中で、巧みな外交戦略や協力体制を構築することが必須となります。

グローバル・シチズンの法則

- **世界は「アメリカ一強」ではなくなる。**
- **エマージングカントリーが世界で発言権を持つ。**

これから投資すべき国は「グローバル・サウス」

最近、書店でお金に関する本、いわゆる投資本を見かけますが、アメリカの企業500社を対象に投資する『S&P500』をすすめる本が大人気です。

お笑い芸人でありIT企業役員である厚切りジェイソン氏の書いた本『ジェイソン流お金の増やし方』（ぴあ）は、70万部という大ベストセラーになりました。

この本は、米国株のインデックスファンドに、定期的にお金を入れていくだけの手法を紹介したものです。

ところが、お金のキーマンたちの話を直接聞いてみると、これから投資すべき国はアメリカではなく、「グローバル・サウス」だと口を揃《そろ》えて言います。

グローバル・サウスとは、アフリカ、中南米、アジアの新興国を指します。

これらの国々が、21世紀に入ってからの経済成長と政治的影響力の拡大により、「世界を牽引《けんいん》する国」と呼ばれるようになったのです。

特に私が注目しているのは「資源国」です。
鉱山を持っていたり、農産物を豊富に生産できたりする国です。例えば、「金」「綿花」「とうもろこし」「原油」「天然ガス」「ゴム」などを産出するアフリカ、中南米、アジアの国々です。

逆に「グローバル・ノース」と呼ばれる先進国のうち、資源を持たない国には厳しい時代がやってきます。
特に日本には困難が待ち受けます。

なぜなら、新型コロナウイルス感染拡大やロシアによるウクライナへの軍事侵攻によって引き起こされた世界的な食糧不足、流通の滞りは今後もたびたび起こると予想されるからです。

資源を輸入に頼っている日本は、流通コストの上昇やインフレを心配しなければなりません。

このような背景から、他国に依存することなく自国で資源を得られるグローバル・サウスの国々が、今後は大きく発展すると考えられるのです。

日本は、グローバル・サウスの国々と積極的に付き合うべきでしょう。

1. グローバル・サウスの経済成長をサポートする

技術移転・人材育成・インフラ整備などの支援を積極的に行っていく。

2. グローバル・サウスとの政治的・外交的な協力を行う

国際機関における発展途上国の発言力の向上や、地域安全保障のための協力を行う。

3. 環境問題や気候変動で連携する

環境技術やエネルギーの効率的な利用方法を支援する。

4. 文化交流を促進する

教育やスポーツ、芸術などさまざまな分野で交流し、理解や共感を深める。

グローバル・サウスの発展は、これからの世界経済や国際政治のバランスを大きく変えていきます。

日本は積極的にそれらの国々に関与し、世界全体の持続可能な発展に貢献していく必要があります。

グローバル・シチズンの法則

●今の流行ではなく、これから流行《はや》るものを見つける。

●キャスティングボート（第3の勢力が事実上の決定権を行使できる立場になること）を握っている人（国）と積極的に付き合う。

ウクライナ侵攻は「対岸の火事」とは言えない

日本の道路を車で走っていると、少しでも安いガソリンスタンドを探し求めて、車が長蛇の列を作っているのを見かけます。実際、ガソリン1リットルの全国平均小売価格は、２０２０年９月に１２８円だったものが２０２３年９月に１７８円と、なんと50円も値上がりしていますから無理もありません。

しかも、ガソリン価格は政府による補助金で引き下げられています。

もし、補助金が終了になれば、たちまち価格が２００円を超えるでしょう。

このガソリン価格高騰の引き金になったのが、２０２２年2月24日に突然始まったロシアによるウクライナ侵攻です。産油国であるロシアとの貿易が原則禁止となったため、世界的に原油価格が急上昇したのでした。

このウクライナ侵攻を受けて、ウクライナに隣接するヨーロッパ諸国は難民の受け入れ、経済混乱への対応、軍備増強を迫られました。

実は日本においても、このウクライナ近隣諸国と同じような事態が起きる可能性が高くなっています。それは、台湾に対する中国の軍事侵攻です。

中国の習近平国家主席は台湾統一を悲願とし、その野心を隠そうとしていません。２０１９年に香港の民主化デモを鎮圧したときと同様、「準備が整った段階で台湾を武力統一することは避けられない」と私は考えています。

ですから、今の私たちに必要なのはウクライナを対岸の火事として傍観することではなく、そこで起きたことから今後起きることを予測し、準備万端にしておくことなのです。ポイントとしては次の４つが重要です。

1．情報収集をする

最新のニュースと政治的な動向を常にチェックしましょう。

信頼性の高いニュースソースから情報を入手することが重要です。

2. 緊急時の準備を進める

非常食、飲料水、医薬品などの基本的な生活必需品を備蓄しておいてください。これは大げさではなく、安全な避難場所（シェルター）の確保も大切です。

3. 資産を円で持たない

アメリカドルを保有したり、資産の一部を海外の銀行口座に移したりしてください。

預金を不動産やゴールド、ダイヤモンド、時計（ロレックス等のブランド品）などに換えておくことも賢明な判断でしょう。外資系企業や海外で働くことも想定し、英語を習得することも重要。「備えあれば憂いなし」です。

4. 地域のつながりを持つ

地元の共同体や支援組織に参加し、地域の人たちと助け合える関係を築いておくことも大切です。

おそらく、中国の台湾侵攻が日本の経済状況に及ぼす影響は、ウクライナ侵攻をはるかに上回るでしょう。

例えば、新型コロナウイルス感染拡大によって台湾製の半導体が不足し、自動車や家電などさまざまな機器類が生産できなくなりましたが、それとは比べ物にならないほどの大混乱が日本を襲うはずです。

そのときに慌てないように、ぜひ今から準備を始めてください。

グローバル・シチズンの法則

- **有事は「ない」と思わない。「ある」と思って準備する。**
- **英語力を身に付け、移住先の確保も想定しておく。**

なぜバフェットは「日本の商社株」を爆買いしているのか？

『投資の神様』『オマハの賢人』（オマハはアメリカ・ネブラスカ州にある都市）と呼ばれるウォーレン・バフェットを知らない人はいないでしょう。

彼の個人資産額は、この本を書いている2023年時点で1060億ドル、日本円にしておよそ14兆円と言われています。

株式投資で大富豪になったバフェットは、幼い頃からお金儲けと株式投資に親しんでいました。

大学を卒業すると、父が経営する証券会社で働いて2万ドル（300万円）を貯め、その後、株式投資の師匠であるベンジャミン・グレアムのもとで働き始め、2年後には資産を7倍の14万ドル（2100万円）に増やしました。

さすが投資の神様、若い頃から抜群のセンスを持っていたのでしょう。

その後もバフェットは、世界経済を的確に読み、資産を着々と増やしていきました。コカ・コーラ、アイ・ビー・エム、アップル、アメリカン・エキスプレス……。まさに時代を象徴する高収益企業に投資してきたのです。

さて、このように世界経済の先行きを最もよく知るバフェットが、2020年8月に日本の5大商社（三菱商事・三井物産・伊藤忠商事・住友商事・丸紅）の発行済み株式をおよそ5％ずつ購入しました。さらに、2022年11月には6％強、2023年4月には7・4％まで買い増しています。

長年、バフェットの投資先は高い成長率と利益率を誇るアメリカの企業が中心でしたが、ここに来て日本の商社株を購入したことはビッグサプライズでした。海外の機関投資家の間で、商社株を含む日本株を再評価する動きが一気に高まりました。

その買いの勢い、資金流入量はすさまじく、日経平均株価を34年ぶり、バブル期以来の高値に押し上げたことは皆さまよくご存じのことと思います。

バフェットが、日本の商社株を大量購入した理由は何でしょう。まずは商社株が、高配当で優良・割安なバリュー株であったことが挙げられます。

また着実に1株当たり純利益（ＥＰＳ）を伸ばしている日本株に対する期待もあったでしょう。

そして私独自の見解ですが、商社が持つ世界中の油田や天然ガス、鉱山の採掘権（鉱山から資源を入手する権利）、肉牛や穀物の権利に注目したのではないか、と考えています。

私にはかねてより、いずれ世界は大変な経済・金融危機に見舞われ、その結果、実体のないものを売る証券会社や投資銀行が崩れ、実体のある資源を持つ国家が台頭する時代が来るという考えがあります。

「虚構から現実に世の中のお金が流れていく」ともいえるでしょう。

その際に輝きを見せるのが資源。私たちはもっと石油や金属といった鉱物資源、農産物や水産物などの食糧に投資すべきだと思います。少なくとも、「実物資源」に関連した企業に投資した方がよいでしょう。

このような活動は、投資家に限定されるものではありません。

一市民として生活の中から実感してみるのも賢いスローライフです。

自分の家の庭で野菜を作ったり、市民農園を借りて農作物を作ったりしてみましょう。近所の海や川で魚を釣ってみるのもおすすめです。そうして手に入れた農作物や魚をご近所と物々交換したり、市民マルシェで販売したりしてみてください。

そんな地に足のついた活動から、これからやってくる大混乱の時代を乗り切る「縁」や「絆」が生まれるはずです。

グローバル・シチズンの法則

- 専門家の意見・動向を参考に、世の中の潮流を身に付ける。
- 実体のないマネーよりも、実物としてのものを手に入れる。

世界のお金持ちがこぞって農地を購入するわけ

2024年2月、日経平均株価がバブル期の最高値（1989年12月の3万8915円）を更新して、史上初の3万9000円台を記録しました。

世界的にも株価の上昇は続いており、新型コロナウイルス感染症が収束した現在は、好景気がやってきたように見えます。

しかし、アメリカの政策金利は5％に突入し、そろそろ株は暴落する可能性があると私は見ています。同時に、深刻な経済危機が世界中を襲うかもしれません。その予兆が静かに忍び寄っているのです。

例えば、世界の大金持ちたちがこぞって「農地」を買い漁るという現象です。

ビル・ゲイツはアメリカ最大の農場所有者ですし、Facebook（現在はメタ社）のマーク・ザッカーバーグも、ハワイの広大な農場を購入しています。

ウォーレン・バフェットは世界中の農場を保有する企業の株式を購入すること

で、間接的に農地を所有しています。

なぜ今、世界の大富豪が農地を購入しているのでしょうか？

1. 経済危機に備えて

世界経済が不安定さを増している現在、富裕層は安全な投資先を探しています。農地は景気に大きく影響を受ける商業用・居住用の不動産に比べて安定した価値を持ち、リスクが低い投資なのです。

本当に深刻な「世界経済危機」が訪れた場合でも、農地は食糧生産の基盤として「持続可能な価値」を提供してくれるため、安全な資産だと考えられています。

2. 食糧需要の増加に対応するため

世界人口の増加とともに、食糧の需要はますます高まっています。

世界人口は２０２４年現在で80億人に達しており、２０５０年に97億人になると言われています。

そのため、農地への投資は、この需要に応える有望な投資先とされています。

3．バイオ燃料の需要増加による利益

石油価格の上昇や環境保護の観点から、バイオ燃料の需要が増加しています。農地は、このバイオ燃料の原料となる作物（サトウキビ、とうもろこし、麦、じゃがいも、さつまいもなど）を栽培するために必要です。このため多くの富裕層が、バイオ燃料産業への投資として農地を買い求めています。

世界の富裕層が農地を買う理由は、世界的な「経済危機」や「食糧不足」や「環境保護」への対策であり、バイオ燃料需要の増加を予想しているからです。

景気に左右されない普遍的な価値を持つ「農地」に資産をスイッチしている世界の大富豪の行動には、「世の中の流れを読み取り、行動しなさい」というサインが隠されているのです。

グローバル・シチズンの法則

- これから世界的な経済危機や食糧不足の時代がやってくる。
- 農地は世界的に価値が高まる優良投資先の1つ。

「経済危機」「気候変動」「戦争」に対しても備えておく

最近、日本に帰ってくると親戚や友人、知人から「日本の将来はどうなる？」「世界の未来はどうなる？」と聞かれることが増えてきました。

そんなとき、私は「今後5年以内に相当ショッキングなことが起きる可能性が高いですよ」と答えています。

私が予測しているのは、次の6つです。

脅かすわけではありませんが、真剣に覚悟しておく必要があると思います。

1．経済危機がやってくる

世界的な金融システムの崩壊や通貨危機、債務危機などが発生し、世界的な経済不況に陥る可能性はかなり高いと思います。

このような事態が起きれば、２００８年のリーマンショックのときと同様、多くの人々が失業や貧困に苦しむことになるでしょう。

2. 地球規模の気候変動の波が押し寄せる

地球温暖化によって急激な気候変動が引き起こされ、洪水、干ばつ、山火事、海面上昇、食糧危機など、人類の生存を脅かす状況が発生する可能性があります。

3. 広範囲に感染症が蔓延《まんえん》する

「新型コロナウイルス」や「人食いバクテリア」のように、新たな感染症が世界中に急速に広がり、経済や社会の活動を大きく狂わせる可能性を常に念頭におく必要があります。

4. 戦争や紛争が勃発する

国家や民族間の緊張が高まり、大規模な戦争や紛争が勃発《ぼっぱつ》する可能性がありま す。核戦争の可能性も含まれ、その結果、数百万人規模の死傷者や難民が発生する可能性もゼロではありません。

5. 中国の武力による台湾統一の危機

２０２４年１月、台湾総統選挙が行われ、接戦の末に「民進党」が「国民党」および「民衆党」に勝利しました。台湾はかなり危機的な状況だと危惧《きぐ》していますす。実際に、中国とアメリカの対立は水面下で激化しています。

直接対決はないにしても、台湾占領はかなり現実的なシナリオです。

これらの事態に日本が巻き込まれるリスクは高く、近隣の海が占領されると物流に大きな影響が出るでしょう。

台湾からの半導体輸出が止まれば、相当深刻な事態が予想されます。

6. 大規模なサイバー攻撃やテロ

サイバー攻撃や生物兵器、原発を標的とした放射能テロなど、大規模で影響力のある犯罪が発生する可能性があります。ＡＩを搭載するドローンが攻撃に使用されることで、より深刻な被害があるかもしれません。

特に、直接的なリスクがあるものに対しては具体的な対策をしておくことが重要です。例えば、地震や洪水などの自然災害に備えて避難場所を確保したり、非常持ち出し品を準備したりしておくなどです。

また、経済や社会全体への影響を考慮し、資産面での対策（ゴールドの直接保有や海外移住先の確保など）を検討しておくことも有益でしょう。

何より大切なのは、どんな状況になってもパニックにならない覚悟をしておくこと、また人とのつながりを作り、それを大切にすることです。

グローバル・シチズンの法則

● 私たちは、いつ、どこで、何が起こるかわからない時代に生きている。

● 地球規模の混乱や危機に対して万全の備えをしておく。

第2ルール

お金より「つながり」を重視する

新しい富の作り方

「変化の時代」になり、お金のルールが変わった

資本主義社会は、今、限界が近づいているようです。

原因は、新型コロナウイルス感染症の蔓延による世界的経済の大ダメージです。

私はこれを「マネーサプライの膨張」と呼んでいますが、落ち込んだ経済を回復するために各国は必要以上に紙幣を刷りました。

大量に刷られた無限のお金が市場に流通していったら、世の中はどうなるでしょうか？　答えは、「お金の価値がどんどん暴落していく」です。

お金の過剰供給が激しいインフレを招き、結果的に海外からの物流が止まり、銀行の預金封鎖も起こります。最終的には、ギリシャ、イタリア、ロシアなどのように国家単位の破産にまで及ぶでしょう。

まさに今、世界規模の「変化の時代」を迎えているのです。

私たちは望むと望まざるとにかかわらず、そういう時代に生きているのです。

まずは、お金のルールが変わったことを強く認識しましょう。

1. お金の形態が大きく変わった

古代では、お金は石や貝殻を使っていましたが、やがてお札やコインなどの現金が流通し始めました。

特にお札は、ゴールドと交換できる証明書としてスタートしました。

その後、アメリカのニクソン大統領がゴールドと交換するのをやめると宣言しました。

そのときから、お札はただの紙切れになりました。

お金はみんなが信用しているから価値があるのです。現在ではお金はデジタル化しており、電子マネーや暗号通貨へと大きく変化しています。

2. お金に対する価値観が大きく変わった

日本では高度経済成長のとき、カラーテレビ、クーラー、車の3Cが「三種の神器」と呼ばれ、庶民の憧れの的でした。

1950年代には、お金で何でも買えるような雰囲気がありました。

また、1986~1991年のバブル期、「必ず値上がりするから、不動産を買ったほうがいい」とすすめられ、多くの方が支払えない額のローンを組んで不動産を購入しました。

このように一時代前は、お金や不動産に価値がありましたが、現在は情報に価値があったり、お金で買えない経験や一緒に夢を叶《かな》えてくれる仲間が、かけがえのない財産だったりします。

多くの人はやっと、「お金で買えるものには限界がある」と気づいたのです。

3．お金がなくても幸せになれる時代になった

平成生まれの人は、「ゆとり世代」「さとり世代」と言われていて、お金に対してもあまり執着していません。お金がなくても、公園のベンチでパートナーと一緒に過ごすことに幸せを感じる世代です。

フェラーリのような高級車は必要なく、自転車で自然の中をサイクリングし、

週末はマイカーで郊外に出かけてバーベキューをするだけで満足する……。

経済も価値観も変わってきました。しかし、**新しいグローバルなルールを知らないと、どんどん時代から取り残されてしまいます。**

いつの時代にも「富のスパイラル」があるように、「貧しさのスパイラル」があります。そこに落ち込むと、一生抜け出せなくなってしまいます。

私も、そこから抜け出すのに大変な苦労をしました。

たとえ、あなたがダイヤモンドの原石のような才能を持っていても、それを活かすことなく一生を終えてしまうかもしれません。

物質的な幸せと精神的な幸せは車の両輪のようなものです。

どちらも欠けてはならず、バランスが大事なのです。

グローバル・シチズンの法則

- **お金は絶対的な幸せを約束してはくれない。**
- **「ゆとり」がお金以上の価値を持つようになった。**

お金は「貯蓄」するのではなく、「循環」させる

２００６年に岩波新書から刊行された『格差社会』（橘木俊詔著）は、大ベストセラーになり、このころから日本は本格的な格差社会に突入しました。

中流階級が消えて、富める人と貧しい人との格差が広がりました。

この現象は日本だけではなく、世界でも同時に起こっています。

世界中で貧富の差が拡大しているのは、なぜでしょうか？

私は、残念ながら資本主義も共産主義も、どちらも「お金の循環システム」がうまく機能していないからだと考えています。ピラミッド構造の上の人たちだけが潤い、下の人たちはいくら働いても貧しい状態から抜け出せないのです。

例えば、アフリカでコーヒー豆やカカオ豆の栽培に従事している人たちは、長時間労働をしていても貧困から脱出することができません。

世界には食糧も富も十分にあるにもかかわらず。

一番の問題は、食糧や富の再分配がきちんとされていないこと。

例えば、日本のフードロスは年間に約600万トンにも上り、世界の食糧援助量の1・6倍に匹敵するそうです（消費者庁データ）。

「賞味期限が切れたから捨てる」という食糧を、世界中の飢えている地域に送るだけで、飢餓問題は一気に解決できます。

また、日本人のよくない習慣として、「目的もなくお金を貯める」ことが挙げられます。

戦争中に貯蓄を奨励した日本政府の影響がいまだに残っているのです。当時は戦争のための武器を買うお金が必要だったので、国民の貯蓄を奨励しました。

しかし、多くの人がお金を使わなくなると、経済が回らなくなります。

すると物価も下がり、給料も下がってしまい、デフレ状態になって、景気が悪くなってしまいます。

経済を回す特効薬は、お金を循環させることです。

私は、多くの人に富を得るチャンスを提供して、人を幸せにすることで日本経済を活発にしたいと考えています。そのため、若いベンチャー企業に出資する投資家としても活動しています。

志のある企業が成長することで、日本は国も会社も人も豊かになります。

私にとって「お金」とは「ありがとうの印」です。

多くの人の感謝の量が数字（金額）となって返ってくるのです。

この「ありがとうの循環」が世界中に広がることによって、貧しい人にも富の分配ができます。お金が循環することで、貧困問題も教育問題も解決します。世界の人がWin《ウィン》-Win《ウィン》になり、最終的には戦争のない平和な世界にもつながると考えています。

「お金の循環」は水の循環と同じです。水は滞ると濁って、最後には腐ります。

お金も同じです。自分だけで抱え込んでいると、お金に宿っている「恨み」「妬み」などの怨念《おんねん》まで抱えてしまいます。

私が投資家になったのは、お金を循環させるためです。
この循環方法を、私は「お金のクリアリング」と呼んでいます。
そして、お金は循環させることで何倍にも増えて返ってくるのです。

グローバル・シチズンの法則

●お金が循環することで人は幸せになる。
●お金は循環させることで増えて返ってくる。

世界規模で格差社会が加速している

「世界の超富裕層26人が世界人口の半分の富を独占している」

２０１９年、国際ＮＧＯ「オックスファム」が衝撃的なニュースを発表しました。世界の人々のうち経済的に恵まれない38億人の総資産は、1年で11％減少したのです。このように世界規模で格差社会が進行しています。

このときの調査では、アメリカのアマゾンの創業者、ジェフ・ベゾスの資産が１１２０億ドル（12兆２８００円）で、彼は世界一の大富豪となりました。

アメリカではここ数年、物価高（インフレ）が進みすぎたことから、庶民の暮らしが大変苦しくなりました。

そこで、政府は金利を上げて、物価高を抑制してきました。

しかし、物価高を判断するための指標ＣＰＩ（消費者物価指数）は２０２２年7月の9・1％増（前年同月比）を頂点として、２０２３年7月の3・０％増（同前）まで12ヶ月連続して低下しました。

この数値は、長年デフレ（物価が低下する）傾向だった日本から見ると、依然として高いレベルではありますが、アメリカの物価高が相当落ち着いてきたことがわかります。

おそらく、近いうちにアメリカ政府の金融政策は緩和の方向に進むでしょう。それを見こして株は史上最高値まですでに上がっています。

このような金融政策を見てわかるのは、庶民が生活に困らないようにギリギリの範囲をキープしつつ、インフレで株や不動産の価値を上げて、一部の資産家たちが儲《もう》かるという構図です。

最近の各国の金融政策を見ていると、この仕組みが実にわかりやすく見えてきます。政治家やその上にいる資産家たちは、庶民の暴動が起きない範囲で自分たちの資産を増やしたいのです。

長い目で見ると現金は価値を下げ（インフレ）、不動産やゴールドや株式の価値が上がるのは必然の流れです。金利がつかない普通預金は実質的に資産が目減りする一方なので、貧富の差はどんどん広がります。

腰の重い日本政府が新型ＮＩＳＡ制度を作ったほどですから、**今まで投資をまったくやっていない人も、今後は「資産形成・資産防衛」に取り組む必要があります。**10年後、後悔しないために、今すぐ対策を講じましょう。

グローバル・シチズンの法則

●庶民と富裕層の格差社会はますます進む。

●生き残るために、今すぐ「資産形成・資産防衛」に取り組もう。

チャールズ国王の即位は歴史の転換点になる

かつてイギリスは、世界に繁栄をもたらす「大英帝国」と言われていました。世界中に植民地を持ち、支配する国々のどこかに必ず太陽の光が当たっていることから、「太陽の沈まない国」とも呼ばれていました。

エリザベス2世はイギリスの女王（在位1952～2022年）ですが、国家元首として統治していた国は、カナダ、オーストラリア、ニュージーランドなど、15ヶ国にも及びます。女王は2022年9月8日に96歳と140日で崩御するまで、70年以上にわたって君主を務めました。

私は**「イギリスに変化が起きたときに世の中が変わる」**という周期説を信じています。例えば、エリザベス女王が即位した1952年から3年後の1955年、ワルシャワ条約が締結され、西側諸国（アメリカやイギリスをはじめとした民主主義国家群）と東側諸国（旧ソビエト連邦など現在のロシアをはじめとした社会主義国家群）が対立する「東西冷戦」の時代が始まりました。

また、イギリスがＥＵを離脱した２０２０年の直後、全世界で新型コロナウイルス感染症の大流行が発生しました。

つまり、イギリスの変化は世界の大きな変化の兆候なのです。


さて、２０２３年にチャールズ国王が即位したことも歴史の節目になります。統治していた国々でも「英国の君主制がどうなるか？」という議論が巻き起こりましたが、ひとまず継続されることになりました。

王室の役割やイメージも変化していくでしょう。

チャールズ国王は長年、環境保護や持続可能な開発などの問題に関心を持ち、さまざまな活動を通じてイギリス王室の役割やイメージの転換を促してきました。

彼の即位により、王室が社会や環境問題に対して、より積極的に関与することが予想されます。


ここで考えてもらいたいのは、今回のイギリスの変化が世界にどのような影響をもたらすかということです。

その答えがわかれば、新しいビジネスモデルを作ることもできます。

私は「世界の通貨がデジタルに変わる」ことの予兆ではないかと考えています。

なぜなら、コモンウェルス加盟国（イギリスの旧植民地諸国）では、新国王の肖像を使用した新しい通貨や郵便切手が発行されるからです。

新通貨の発行とデジタル通貨の流通がリンクし、「グローバル・シチズンの法則」が現実のものになると思っています。

グローバル・シチズンの法則

- 世界の中心にある国を定点観測していると、未来予測ができる。
- 「持続可能な環境保護」に対して、世界中で新たな取り組みが始まる。

お金だけにフォーカスしている人の将来は危うい

「老後2000万円問題」や「FIRE」という言葉に代表されるように、最近は「資産と収入を増やすことに尽力すべきだ」という風潮があります。

FIREとは、経済的自立（Financial Independence）と早期退職（Retire Early）という2つの言葉の頭文字から作られた造語です。

確かに、安定した老後を過ごすためにはまとまった金融資産が必要ですし、早期に仕事を引退するためには、若いうちから収入を増やす必要があります。

しかし、私は資産と収入を伸ばすことだけにフォーカスしている人の将来は危ういと考えています。

家庭や社会で最も大切なものを失うリスクが高くなるからです。

具体的には、「人間関係を失うこと」「健康を失うこと」です。

スティーブ・ジョブズはすい臓ガンになった末期のとき、「自分の代わりに死んでくれる人はいない」という言葉を残していますが、「健康を害することはすべてを手放すこと」と同じです。

人間関係や健康をおろそかにする人たちは、例え巨万の富を築いたとしても、寂しい晩年を迎えるしかありません。

令和時代は「ゆらぎの時代」とも呼ばれていますが、予測のつかない今だからこそ、自分自身の身体《からだ》をいたわり、信頼できる人とのつながりを大切にするべきではないでしょうか？

現代社会において、お金に固執すればするほど資産と収入は消えていきます。

その理由は次の3つです。

1．AIがビジネスの自動化を推進する

これからの時代には多くの職種が自動化され、AIにとって代わられるでしょう。

今の働き方や収入に執着する人ほど、変化の時代の影響を受けやすいでしょう。

2. 経済が変化し、ビジネスにはリスクがつきまとう

世界経済は常に変化しています。新興国の台頭や企業の合併・買収などにより、一定の収入や資産を維持することは難しくなります。そのため、ひたすら資産や収入だけを追求する人生戦略は失敗するリスクが高いと言えます。

3. 自分の才能に投資する時代になる

人材の競争力が激化します。今までの会社はチームワークや規律正しいマネジメントが求められていましたが、これからの会社は創造力や柔軟性、コミュニケーション能力など、従来の管理職とは異なる能力が求められるようになります。

「やわらか頭」のスキルを身に付け、自己成長に努めることが重要であり、お金に固執する人は時代に取り残されます。

つまり、テクノロジーが進歩し、社会の変化が激しくなるため、「表面的な資

産や収入はあまり頼りにできない時代が来る」というのが私の予想です。

これからの時代には、人間関係や健康の重要性がますます増していくでしょう。

グローバル・シチズンの法則

- **人間関係や健康など、お金で買えないものが価値を持つ。**
- **「ゆらぎの時代」には、お金を失うリスクも高まる。**

「最高残高」で死ぬか、「最低残高」で死ぬか

「DIE　WITH　ZERO」という言葉が流行っています。

死ぬときまでにすべてのお金を使い切ってしまおうという考え方を表したものです。

日銀金融広報中央委員会が調査した「家計の金融行動に関する世論調査」（2021年）によると、平均値で、日本人は60代で3000万円もの資産を残しています。

つまり、日本人は死ぬときに多額の財産を残して亡くなるのです。

一方、欧米ではどうかというと、特にラテン系では、「ケ・セラ・セラ」（なるようになるさ）の考え方で、死ぬときに全財産を使い切って亡くなります。

多額の財産で亡くなる人生、財産を残さず亡くなる人生、どちらが幸せでしょうか？

仕事や勉強に対して、勤勉で真面目な日本人は、貯金や投資を好みます。

なぜかというと、本を読んでいると貯金や投資をすすめるものが多く、それに影響されるからです。

かくいう私も若い頃は、稼いだお金はなるべく使わず、将来に備えようと考えていました。

その後、私は長い時間をかけて人間観察をして、1つの事実に気づきました。

それは、**「どんどんお金を使う人は楽しく暮らしていて、人生に悩みを抱えていない」**という事実です。

貯金派は、「将来困らないように」と考え、節約生活をするのですが、我慢しているのがストレスになり、逆に日々の生活に困ったりしています。

私は、自分が幸せになり、周りの人たちが喜ぶのならば、お金は惜しみなく使ったほうがいいと思っています。

日本は素晴らしい国で、多額の借金を背負っても「自己破産」という救済制度があり、また、配偶者との離婚や死別で生活が困窮しても、「生活保護」という措置があります。

医療費も「高額療養費制度」があり、1ヶ月の医療費の自己負担限度額を超えた場合、国が肩代わりしてくれます。

高齢者になっても安心して暮らせる国が日本なのです。

風呂付きの家に住んで、毎日、ごはんとみそ汁と焼き魚と納豆を食べて、スマホとテレビがあれば、何不自由なく幸せに暮らすことができます。

私が住んでいたフィリピンと比べたら、ありえないくらい「幸せインフラ」が整っている国なのです。

もう1つ、世界の富裕層を見ていて気づいたことがあります。

それは、**60代から70代になると、庶民でもお金持ちでも似たような生活になる**ということです。

朝起きて犬を散歩させたり、近所をジョギングしたり、スーパーで好きな食材を買ってきてバーベキューをやったり、DVDを借りて映画を鑑賞したり、好きな音楽をダウンロードして聴いたりと、生活はほとんど変わりません。違いは、広い家に住んでいるかどうか、子どもに教育費をかけるかどうかだけで、あまり大差のない暮らしぶりなのです。

お金を使わないと「経験値」も貯まりません。過去の自分を振り返ると、何も行動せずにお金を守ることだけに専念していたのは、愚かな生き方だったと反省しています。

アフリカに「泥が乾く前に作業しなさい」ということわざがあります。**人生は有限です。今のうちからお金を経験値に変えていくほうが、有意義な人生につながるのではないでしょうか？**

グローバル・シチズンの法則

- **自分や周りの人の幸せのためならお金はどんどん使う。**
- **お金を使うことで経験値が貯まる。**

「金融機関クライシス」はすぐそこまで来ている

若者の就職活動で人気があるのは、いつの時代でも「公務員」や「金融機関」です。

法人向け与信管理サービスを提供しているリスクモンスター株式会社が2023年4月に公表した「就職したい企業・業種ランキング」調査結果によると、就職したい業種ランキング1位は「公的機関・その他（公務員、JA、士業など）」、3位は「金融・法人向けサービス（銀行、証券、クレジット、保険など）」になっています。

しかし、公務員はともかく、金融機関の将来はそれほど明るいものではありません。

特に地方銀行などは、「金融機関だから」という安定を求めて就職すると、かなり厳しい未来が待っているでしょう。

なぜなら、**世界的に金融機関の規模が完全に二極化し、中間の組織は生き残れ**

なくなるからです。その理由は、次のような未来がすぐそこまで迫っていることです。

1.テクノロジーが進化し、競争が激化する

デジタル化やAI化など、テクノロジーの進化によって、金融機関をより効率的に運営することが可能になります。その結果、「競争がより激化」します。

2.規制緩和と新サービスの登場

金融分野では規制緩和や新しいサービス（例・少額送金サービス）が登場しています。当然、既存の金融機関と新規参入の金融機関で競争が激化。

中規模の金融機関は資本力で戦いに負けて、淘汰《とうた》されるでしょう。

3.生き残りをかけた統廃合が進む

近年のグローバル化に対応するため、大手金融機関は大規模な合併や買収を通じて業務範囲を拡大しています。中規模の金融機関は、ライバル間の競争に勝つための十分な投資ができず、大手に吸収・合併されていくことでしょう。

以上の要因から、今後、世界的に金融機関の規模は二極化すると言われています。大手の金融機関が市場シェアを伸ばす一方で、地場に根ざしたニッチな市場を狙う小規模な金融機関や金融サービスは存在し続けるでしょう。

しかし、従来の市場環境にあぐらをかいた経営をしている中規模の地方銀行の未来は、かなり暗いと思います。

グローバル・シチズンの法則

●金融機関は、もはや花形企業ではなくなった。
●中規模の金融機関は、消滅するか吸収される。

「地の時代」から「風の時代」へ。何が変わったのか?

イギリスの産業革命以来、220年ぶりにパラダイムシフトが起こり、「風の時代」になったと言われています。もっと正確に言うと、2020年12月22日に、「地の時代」から「風の時代」に移行したそうです。

そして、今後200年間「風の時代」が続きます。

「地の時代」では、地面の土を連想するように、目に見えるものが大切にされました。キーワードは、「お金、所有、固定、国境、組織、自力で達成」などと言われています。

一方、風の時代では、「情報、シェア、移動、ボーダレス、横のつながり、協力し合う」などがキーワードです。これまでの「目に見えるもの」よりも、「目に見えないもの」が重視される時代になりました。

「風の時代」と言えば、誰でも連想するのが、新型コロナウイルス感染症による命に関わる風邪です。これは偶然でしょうか？　まさに、新型コロナウイルス感染症という「風」が日本のみならず世界に吹き荒れ、社会情勢を一変させたのです。

例えば、オンライン化が大きく進みました。国境は封鎖されましたが、逆にインターネットで海を越えて、オンラインでの交流が盛んになりました。


それに合わせて人々の生活も大きく変わりました。

風の時代の「変化の法則」には、「シェア」「ボーダレス」「コミュニティ」の3つのキーワードがあります。

1．シェア……共有することです。地の時代では、ごく一部のお金持ちや権力者が多くの富を独占していましたが、風の時代では、そのピラミッド構造が変化し、上下関係のないフラットな構造になります。
独り勝ちの時代から、みんなでお金や情報をシェアする時代に移行しています。

例えば、クラウドファンディングで巨額のお金を集められるシステムが象徴的で、同じようにみんなで助け合う時代がやってくるでしょう。

2. ボーダレス……お金にも国境がなくなります。
これまでは海外送金は手数料が高かったり、送るのに1週間以上かかったりしました。今後は電子マネーや暗号通貨の流通が加速し、お金にも国境がなくなっていきます。

3. コミュニティ……オンラインサロンなどが流行しています。
今後もこの流れは続きます。共通の価値観の仲間を集めたり、オリジナルで特別な経験をしたりするためにお金を払う人が増えていきます。


このように、「風の時代」には社会インフラが大きく変化します。

従来のお金は額に汗をかいて働いて得る、あるいは、自分の労働時間＝人生をお金に変えていましたが、「風の時代」にはこのような時間のロスがなくなります。

もしも、あなたが「宇宙に行きたい」と望めば、それに賛同してくれる人が「夢を共有したい」と言って、資金を提供してくれるかもしれません。

「家族愛を伝える映画を作りたい」と情報発信すると、一瞬で何億円も集まってしまうかもしれません。

実際に、お笑い芸人のキングコング・西野亮廣《あきひろ》氏は、自分の作りたい映画『えんとつ町のプペル』の制作資金を、有志を募って集めたのです。

日常のルールが変わることは、生き方が変わり、夢の叶え方が変わり、世界がすべて変わってしまうことなのです。あなたも時代の風に乗れるように、しっかり「変化の法則」を学んでいきましょう。

グローバル・シチズンの法則

● 目に見えるものより見えないものに大きな価値がある。

● 「夢を語れる人」を応援する時代がやってきた。

第3ルール

「お金」のことに詳しい日本人になる

ファイナンス・リテラシーを高める

あなたの財産をがっちり守る「ファイナンス・リテラシー」

ケネディ大統領の父で投資家のパトリック・ケネディは、ある朝、靴磨きの少年にいつも通り靴を磨いてもらっていました。

そのとき、少年が「おじさんも株を買いなよ」と言ったそうです。

それを聞いて、パトリックは青ざめました。

靴磨きをしている子どもまでが株の話をしたので、彼は「ヤバい」と思ったのです。みんなが株が上がると思い、どんどん買い注文を入れたので株価はピークになりました。パトリックは、それを大暴落の前兆だと予測しました。

「そろそろ相場の末期だ」

彼は大量に持っていた株を全部売り払い、その後やってくる大暴落の難を逃れ、巨額の利益を手にしました。

いつの時代にも必ず「お金の節目」はあります。

機を見るに敏な人は、時代の風の流れを読む能力、風に乗る能力、乱気流に巻き込まれそうなときには安全着陸する能力を持っています。

日本人は世界の中でも、特に「お金のリテラシー」が低い国です。

リテラシーとは「情報の取捨選択能力」のことですが、ファイナンス・リテラシーとは、「お金を増やしたり守ったりする力」のことです。

日本人はアジア圏におけるファイナンス・リテラシーに関する調査で、タイ・中国・インドより低く、14ヶ国中で最下位の14位です（MasterCard Worldwide調べ）。

ちなみに、1位が台湾、2位がニュージーランド、3位が香港となっています。

なぜ、日本人が世界の中でファイナンス・リテラシーが低いかというと、学校教育でお金との付き合い方を教えないからです。

世界に目を向けると、30年前から多くの大学で「アントレプレナー学科」が創設され、投資家や経営者を養成しています。しかし、日本の大学には未だほとんどと言っていいほど、「アントレプレナー学科」はないのです。

まだまだ、日本では学校教育でお金の授業を行っていないのですが、台湾では高校の家庭科の授業に財テク教育が導入されています。「これは、さすがにまずい」ということになり、日本でも高校の家庭科の中でお金の授業が始まっています。

私は、このファイナンス・リテラシーを持つことがとても大切だと思っています。ファイナンス・リテラシーが低い人は、お金を守ることもできず、目減りしたり、誰かに奪われたり、ムダなものに投資してしまいます。

逆に高い人は、お金を守ること、増やすこと、きちんと管理して世の中のために還元することができます。お金の知識があるだけでなく、実際にお金を使いながら知恵を身に付けることです。

例えば、お金の使い道を「投資」「消費」「浪費」に分けることも大事です。

これをしっかりと身に付けていないと、お金の使い方が自分軸ではなく他人軸になってしまい、さらに主体的な投資技術が養われていないため、怪しい投資詐欺などに騙《だま》されてしまいます。

お金のリテラシーが低い人は人の噂《うわさ》話に惑わされ、リスクを考えずに儲け話に飛び付いてしまいます。

「美味しい話」というのは、「あなたにとって美味しい話」ではなく、「その話を持ってきた人にとって美味しい話」であることを忘れないでください。

グローバル・シチズンの法則

- 資産形成・資産防衛の両方ができる人になろう。
- お金の使い方は「投資」「消費」「浪費」に分けて考える。

日本人の「お金の意識」が低いのは英語力のせい？

今、多くの日本人は「生活が苦しい」と感じています。

「国民生活基礎調査（厚生労働省、2022年）」によれば、「生活が苦しい」と答えた人の割合は51・3％と、半数を超えています。


この原因は、おそらく急速な物価上昇のためでしょう。

身近な商品で言えば、国内有名メーカーのマヨネーズ（450g）は2020年7月に232円だったものが、2023年7月には359円に、小麦粉（1kg）は2020年7月に256円だったものが、2023年7月には323円と、それぞれ3割から5割も値上がりしています（いずれも全国平均小売価格）。


多くの日本人は、「これだけ商品の値上がりが続けば、生活が苦しくなるのも無理はない……」と思うかもしれません。

しかし、日本の外の世界を知っていると、まったくそうは思えません。

「物価が上昇した分、収入や資産も増えるから問題ない」と考えるからです。

欧米などの先進国では、それが普通の考え方です。

しかし、現実には多くの日本人の収入や資産は物価高に合わせて増えず、そのために生活がどんどん苦しくなっています。

私は、**今の日本人の生活が苦しいのは、「ファイナンス・リテラシー」（資産管理・資産運用能力）が低すぎるのが原因だと考えています。**

ファイナンス・リテラシーが低い理由は2つあります。

1．お金に関する教育が学校でも家庭でも行われていない

前にも述べたように、日本の学校教育では、お金に関する知識や経済について教わる機会がありません。そもそも、先生自身が投資をしたことがないので、お金についてまったく語れないのが現状です。

2．お金についてオープンに話すことを悪とする文化

日本の日常生活では、お金についてオープンに話すことが敬遠されています。

「お金の話をしてはいけない」「お金は汚いもの」「お金持ちは悪いことをして稼いでいる」という間違った先入観が蔓延しています。

一方で、その裏側にある根本的な問題には誰1人言及していません。

それは、多くの日本人は「英語」を話せないということです。

もし、日本人に十分な英語力があれば、物価高に合わせて収入が増える外資系企業に転職したり、海外で働いたりすることが可能でしょう。

また、十分なファイナンス・リテラシーがあれば、物価高に連動して増える資産に投資し、物価高を乗り切ることもできるはずです。

ではなぜ、日本人の英語力は低いのでしょうか？　それには理由があります。

1．文法に偏りすぎの教育制度

日本の教育制度では、文法中心の英語教育が主流であり、実際のコミュニケーション能力があまり重視されていない。

2. 英語を実際に話す機会が少ない

日本では母国語である日本語でほとんどのことを済ませられるため、日常生活で英語を使う機会が少ない。

3. 完璧な英語でなければ恥ずかしいという羞恥心《しゅうちしん》

英語を話すことに対する恐怖心や、完璧主義からくる英語力のコンプレックスが、英語力向上に対する意欲を下げている。

あなたが次の「国民生活基礎調査」で「生活が苦しい」と答えたくないならば、今すぐ英語力を身に付けるよう努力しましょう。

英語力はあなたの財産を増やしたり守ったりする武器となります。

グローバル・シチズンの法則

●ファイナンス・リテラシーが低い人ほど生活が苦しい。

●英語力は資産形成のチャンスを増やしてくれる。

「新紙幣発行」で想起される最悪のシナリオ

財務省は2024年7月前半に新しいデザインの紙幣を発行することを明らかにしました。新紙幣の発行は2004年以来、20年ぶりです。

1万円札の肖像に選ばれたのは、「日本経済の父」と呼ばれる渋沢栄一、5000円札は「女性の地位向上に尽力した教育家」の津田梅子、1000円札は「近代日本医学の父」と言われる北里柴三郎です。

さて、この新紙幣の発行に伴い、金融機関や自動販売機の改修コストがおよそ7700億円かかると言われています。これほどの大金をかけて、わざわざ紙幣を切り替える理由は何なのでしょうか？

財務省のホームページを見ると、新紙幣の発行を行う理由としては、「印刷技術の発達に伴う紙幣の偽造を防ぐ」「目の不自由な方や外国人にも使いやすいユニバーサルデザインの導入」の2つが挙げられています。

しかし、私は今回の目的はそれだけではないと予測しています。過去、世界では、通貨切り替えのため、新紙幣が発行されたことがあります。もちろん、新紙幣の発行すなわち通貨切り替えというわけではありません。今回もそのような公式発表はありませんが、過去の通貨切り替えでは、次のようなことが起こっています。

1．フランス革命後の新フランス・フランの導入（1795年）

フランス革命後、新しい通貨「フランス・フラン」が導入されました。

これは革命により崩壊した絶対王政時代に流通していた、さまざまな通貨を置き換えるものでした。

2．ドイツの通貨改革（1948年）

第二次世界大戦後のドイツでは、連合国によって通貨改革が行われました。

この改革により、ナチスドイツが使用していた「ライヒスマルク」から、新しい「ドイツマルク」への切り替えが行われました。

これにより、戦後の混乱期が終わり、経済が安定しました。

3．日本の預金封鎖と新円切り替え（1946年）

第二次世界大戦後の日本では、預金封鎖と新円切り替えがセットで行われました。これにより、国は国民の財産を完全に把握しました。

そして、国民の財産に対して、最高で税率90％の財産税を課し、国家の財政破綻を防ぎました。

このように通貨切り替えは、さまざまな政治的・経済的・社会的な状況に対応して行われます。つまり、**通貨切り替えは単なるデザインや使い勝手の変更ではなく、社会や経済の動きに重大な影響を及ぼす施策なのです。**

日本銀行の資金循環統計によると、2021年末の段階で自宅などに現金のまま蓄えられている「タンス預金」が100兆円以上あると試算されています。

今、世界はお金の流れを政府が完全に把握する監視社会の方向に進んでいます。

その流れの中で、国がデジタル通貨への切り替えを断行し、国民資産の完全把握をスタートさせる可能性もあるのです。

ＡＩの発達により、このような変化は猛スピードで進むでしょう。
私たちは、「国によって全財産を丸裸にされる危険性がある」ということだけは知っておきましょう。

グローバル・シチズンの法則

- 経済政策は「建前」だけではなく、「本音」の部分がある。
- 国民の財産がすべて国家に把握される日がやってくる。

「タンス貯金」は円建ての投資であり、リスクが大きい

先日、インターネットの掲示板で面白い相談を見かけました。

「私の婚約者は貯金が200万円しかないのに、FXや株などさまざまな投資で儲けようとしています。投資はギャンブルみたいなもので、一時的に儲かっても一瞬で失うこともあると思います。私はこのまま結婚しても大丈夫でしょうか?」

まだまだ日本人の多くは、「投資はギャンブル」「貯金が一番!」と思い込んでいるようです。「人生を安全に生きたい」と思うのは人間の生存本能であり、現実的な選択肢の1つですが、**お金だけは守りに入ると、将来、お金に苦労するという事態を招きかねません。**

野村総合研究所が2021年に25歳~69歳の男女を対象に行った調査では、日本で投資をしている人の割合は21・1%と、わずか2割に過ぎませんでした。

一方、アメリカでは62%、中国では74%の人が何らかの投資をしています。彼らは一様にマネー・リテラシーが高く、「投資をしないこと」に対して危機感を持っています。これからの時代には、現金だけを持っている人は非常に危険です。お金がどんどん価値を失っていくからです。**「タンス預金」は、財産をすべて日本円に換えて持っている「円建て投資」と同じです。**あなたの財産はどんどん減っていきます。社会的・経済的な損失理由は次の通りです。

1. インフレが進むため

現在、世界では急速にインフレが進んでいます。
日本でもインフレ率が2023年の段階で3%を超過。
現金100万円を持っている人は97万円に目減りしたわけです。

2. 日本の金利政策の現状

日本銀行が設定している金利が低いため、貯金していても利益はありません。
銀行や郵便局にお金を預けても、利子がほとんど付かないのです。

3．為替リスクで円の価値が下がる

日本では円安ドル高（円の価値が下がり、アメリカドルの価値が高くなること）が進んでいるので、日本円の貯金の危険度が増しています。

海外で今まで1万円で泊まれていたホテルが、2万円に値上がりしていることはよくある話です。円安とインフレの影響が日本人の財布を直撃しているのです。

郵便局に貯金、銀行に預金をしている人は、「資産を失う」前に、できるだけ早くリスク分散を図ってください。例えば、「投資用のマンションを購入する」「ゴールドに換えて保有する」などです。

さて、冒頭の相談に戻りますが、私なら相談者に対して「素晴らしい婚約者です！　絶対に逃してはいけません」と回答します。

グローバル・シチズンの法則

●すべての財産を日本円で持っていてはいけない。

●物価高に備えて、できるだけ早く分散投資をする。

誰も言わなかった NISAの意外な効能

NISAは、「NISA口座」で買った金融商品であれば売却などで利益が出ても、税金がかからないというオトクな制度。2024年から、より使いやすくなった「新NISA」が始まり、大変話題になっています。

今まで投資に無縁だった人も、こぞって投資信託を始めているようです。

さて、増税ばかりの政府がなぜNISAという非課税制度を作ったのかと言うと、もちろん個人の資産形成のためですが、私はあまり言われていない隠れたNISAの効能に気づいてしまいました。それは「インフレ対策」です。

アベノミクス以来、日銀はひたすら金融緩和をし、市中に円が大量供給されています。それを流通させないように、NISAの「つみたて投資枠」を作ったのです。

お金が大量流通すると、食べ物などの生活費必需品や不動産まで値段が上がってしまうため、なるべくそうならないように、お金を投資案件に向かわせているのです。

そして、そのあとはそのままの人が多数になり、お金は流通しなくなってインフレが抑止される、というわけです。

日本政府の金融政策はなかなかうまくできていて、日本の将来は明るくなると思っています。

不動産分野においては「特定空き家と管理不全空き家にかかる税金を6倍にする」という政策を掲げています。住むこともできずに放置されてきた空き家の再活用がいよいよ始まります。

そして、インフレを抑制して、コスパのいい日本を維持していくでしょう。

そうなると、**多くの国民は低賃金でも幸せに暮らしていけます。**

外国人観光客にとっては、日本は物価の安い国、料理の美味しい国、宿泊費もリーズナブルな国となり、インバウンド消費も増えます。

さらに、円が安いため輸出も伸びて、日本は好景気になると思います。

日本は長らく「失われた30年」が続いていましたが、政府の素晴らしい政策によって、今後も庶民の暮らしはよくなりそうです。

ただし、官公庁のテレビCMに踊らされている人は、給料が低いままで、生涯、働き詰めの生活を強いられてしまうかもしれません。

投資には、時には大きなリターンもありますが、必ず、デメリットも含まれています。

そして、投資はすべて「自己責任」です。自らの頭で考えて行動しましょう。

グローバル・シチズンの法則

- **投資にはリターンもあるがリスクもある。**
- **投資は他人の意見に流されるのではなく、自分の頭で考える。**

プロの投資家は「二歩先」を読んでいる

国が推奨する新NISAの影響もあり、日本中が投資ブームに湧いています。日本株も米国株も、まだまだ上がると期待している人が多いようです。

そんな中、プロの投資家は何を買っているのかというと、低迷している中国株を仕込み始めています。

大暴落した上海の「1丁目1番地」の不動産を買い漁っている友人もいます。

ロイター通信が2024年1月29日に報じたニュースによると、同年1月23日から25日までのヘッジファンドの中国株買いが、過去5年間で最大になりました。また、世界の最新金融ニュースを発信している「ブルームバーグ」が1月26日に報じた記事の中で、最高値から930兆円ダウンした中国株・香港株に注目が集まり、「世界で最善の投資対象」という専門家の意見を大きく特集しています。

昔から投資のプロは値上がりした株には手を出さず、素人は上がった株に手を出して火傷《やけど》をする傾向にあります。

「街のおばちゃんが株の話をし始めたら終わりだ」と昔からよく言われますが、日本株・米国株も、そんな時期に差しかかっているのかもしれません。


一方で、本当に実力ある会社の株は、一時的に下がっていたとしても、必ず上がってきます。プロの投資家は、そういう視点で中国株に注目しているのです。

「世の中の雲行きが怪しい」と言っているときが実は投資のチャンスで、「調子がよい」と言い出したときが売り時です。

プロの投資家は、一歩も二歩も先を見通しています。

「予測思考」という目利きがうまくできるかどうかが問われているのです。

グローバル・シチズンの法則
- プロの投資家は時代の流れに「逆張り」する。
- 素人が株に手を出し始めたときが撤退のサイン。

人生をお金儲けだけに費やしてはならない

世界累計発行部数800万部の作家、本田健氏のベストセラー『幸せな小金持ちへの8つのステップ』（サンマーク出版）には、「幸せな小金持ち」の定義が述べられています。それは、「資産規模で1億円を持ち、何もしないで年に3000万円の収入がある人」のことです。

手が届かなそうな数字に思われるかもしれませんが、貯金が3000万円ある人は、次は5000万円、その次は1億円と、もっと増やすためのビジネスや資産運用に頭を悩ませているのです。

また、お金を増やすことに時間を使うため、いつまで経っても忙しいままで、扱う金額が大きくなると、ストレスも正比例して増えていきます。

十分にお金があるなら、それを使って人生を楽しめばいいのに、「もったいない」と言って使わず、「もっと増やさなければ」と思って、さらにお金儲けにのめり込んでしまいます。

「お金を増やす目的は人生を豊かにするため」だったはずなのに、お金が目的になってしまったら、本末転倒です。お金はあなたを助ける道具です。

それを忘れてしまうと、「お金の奴隷」になってしまい、資産を増やすために、延々と時間と労力を費やすことになってしまいます。

お金を稼ぐために、人生の貴重な時間を使いすぎないように気を付けましょう。

会社の最優先課題は、「資産の最大化」を目指すことです。

しかし、それは株主が会社に求めているに過ぎません。

会社としては、生産性の向上を目指していますが、そのためにあなたの最も貴重な財産である「時間」を犠牲にする必要はないのです。

グローバル・シチズンの法則

- **人生を楽しむことに時間を費やす。**
- **「お金の奴隷」にならない。「お金の主人」になる。**

「老後の不安」より「人生の幸せ」について考えてみよう

日本に帰ってきてテレビを見ていると、「老後に備えて投資しよう！」というCMが増えていることに驚きました。

「ＮＩＳＡを始めましょう！」「貯金よりも投資です！」

「投資用口座を開くだけで２５００円プレゼント！」

これほどメディアや広告が投資を煽《あお》っているということは、その裏に何か魂胆があるのではないかと、私は直感的に警戒してしまいます。

株式会社ロイヤリティマーケティングが２０２２年に行った「老後に関する調査」によると、全世代の男女で「老後に不安を感じている人」の割合はおよそ78％、20代の女性に至っては82％が不安を感じています。

老後の不安は何が起因しているのかを分析し、それを解決する方法を提案します。

1．本格的な高齢化社会が到来する

現代の先進国では高齢化が進み、人々の平均寿命が延び、健康寿命も延びてい

ます。そのため、これまでのように会社を退職した後の数十年は「老後」ではなく、「人生を謳歌《おうか》する時間」と考えられるようになりました。

つまり、高齢者になっても働くこと、遊ぶことは当たり前に続くのです。

このように考えると、老後を心配して貯金に固執するのではなく、人生の幸せを優先することが私たちにとっては重要なのです。

2. 安定した雇用が激減する

現代では正社員の雇用が減少し、非正規雇用が増加していることから、現役時代の収入だけで老後資金を確保することは難しくなっています。むしろ、歳を取っても収入を得ることができるスキルやノウハウを身につける方が大切でしょう。

つまり、**老後の資金を貯めることよりも、「自分の人生を豊かにするために何をするか」「どのような働き方や生活スタイルを選ぶか」のほうが重要なのです。**

3. 経済の動向が予測不能なほど変化している

近年は経済の変化が激しく、将来を見通すことが難しい状況になっています。

どんなビジネスが生まれ、どのようなビジネスが廃れていくか、専門家でも予想するのは難しいでしょう。将来の不確実性を怖れるよりも、自分とその周囲の人の幸せを確保しながら、柔軟な対応力を持つことが求められます。

マスコミの不安を煽る論調に流されて、老後のことばかり心配するのはおすすめしません。平成時代は「ライフワークバランス」を重視していましたが、令和時代は老後を心配するより、「人生の幸せ」について熟考する時代なのです。

まずは、「自分は何をやっているときが一番幸せか？」「その幸せを継続させるためには何を準備したらよいのか？」をじっくりと考えてみてください。

貯金や投資も大切ですが、あなたが幸せであってこそ、お金は価値を持ちます。

グローバル・シチズンの法則

- **漠然とした将来を心配するより、自分はどう生きたいのかを考える。**
- **働き方や生活スタイルを整理・整頓してみる。**

あなたの「夢の解像度」はどのくらい？

「どうすればグローバルで成功する人になれますか？」

今までたくさんの質問をいただきました。

それに対する私の答えはいつも1つです。


「誰も見たことのないような大きな夢を描いてください」


夢を英語にすると「ドリーム」。そして「ドリーム」と言えば「ドリームジャンボ宝くじ」を連想する人も多いでしょう。このドリームジャンボ宝くじを販売している「全国自治宝くじ事務協議会」が、全国47都道府県およそ1万4000人の「夢」をまとめた「日本ドリーム白書2018」を発表したことがあります。

それによれば、夢を持っている日本人は51・9％でした。

叶えたい夢の第1位は「健康な生活を送りたい」、第2位は「好きな趣味に打ち込みたい」、第3位は「マイホーム（一戸建て）に住みたい」でした。

このように夢を持って生きることは大変よいことです。私も夢を原動力として日本を飛び出しました。ただ、夢を実現させるために大切なことを多くの人が知りません。**それは、「夢の解像度を徹底的に上げる」ということです。**

写真に例えるなら、昔の携帯カメラの画素数は10万くらいでしたが、2003年には100万画素、2023年には2億画素のスマホも登場しています。ですから、昔の携帯で撮った写真はピンボケでしたが、今のスマホで撮った写真はハッキリクッキリ、鮮明です。夢も同じです。夢を持ったら、実現までの道筋を細部まで「イメージすること」が重要です。

例えば、「お金持ちになりたい」というのは誰もが思い描く夢でしょう。

しかし、「ビジネスで成功したら、おかあさんに5000万円の一軒家を買ってあげよう」という具体的なイメージがあると、より現実を引き寄せます。

さらに家を買うまでに、どんなお客さまに喜んでもらいたいか、どんなメディアに取り上げられたいか、その時の自分が喜んでいる姿を、ありありとイメージできれば、夢の方から近づいてきます。

ところが、多くの人はこの夢のイメージが粗く、解像度が低いのではないでしょうか？　居酒屋などを展開するワタミの創業者、渡邉美樹氏は『夢に日付を！』（あさ出版）という本で、「目標を立てたら期限を決めることが大事だ」と説いています。
また、日付を書くことによって、「今日の行動が変わる」とも述べています。

もし、夢を叶える方法があるとするならば、それは「夢が実現する過程を正確にイメージすること」でしょう。

より具体的に、より詳細に、より鮮明にイメージできるかどうか。それが、あなたの夢が実現するかしないかの分かれ目なのです。

グローバル・シチズンの法則

- 自分の叶えたい夢にピントを合わせる。
- いつ夢が叶うか、日付を紙に書き出す。

第4ルール

日本は「可能性」を秘めている

日本と日本人の潜在能力

日本の素晴らしさは、日本にいると逆に見えない

『バブルへGO‼』（馬場康夫監督・2007年）という映画をご存じでしょうか？

バブル景気を知らない主人公が1990年の日本にタイムスリップし、バブル景気を体験するという映画です。

映画には「パーティーのビンゴ大会で現金200万円が当たる」「タクシーを停めるためにみんなが1万円札を振りかざしている」といったシーンが登場します。

私も、「ボーナスを年3回もらえた」「入社が内定すると海外旅行に招待された」といったエピソードを聞いたことがあります。

そんな1990年代のバブルが崩壊して以降、日本は「失われた30年」と呼ばれる時代に入りました。実は日本人の平均年収は、1991年の447万円から2021年の443万円まで、ほとんど変わっていません。

この間の物価上昇や消費税率や社会保険料のアップなどを考えれば、国全体がどんどん貧しくなっていると言えるでしょう。

また、人口も2004年をピークに減り続け、2022年の出生率は過去最低の1・26人を記録しています。正直なところ、「現在の日本には明るい材料が見当たらない」と考えている方も多いのではないでしょうか。

しかし、**日本には世界に通用する素晴らしい資源が豊富にあります。**

特に、次の6つの分野は憧れの存在であり、多くの外国人を魅了しています。

【観光都市】東京、大阪、京都、北海道、沖縄など

【マンガ・アニメ】スタジオジブリの映画。『ジャンプ』、『マガジン』などのコミックコスプレ文化、コミケ文化

【技術】新幹線、ロボット技術、ゲーム産業

【伝統文化】（カルチャー）茶道、華道、書道、日本舞踊（宗教と精神性）神社や寺院、神道と仏教

（武道）空手、剣道、柔道、相撲

【食文化】（料理）寿司、刺身、天ぷら、おでん、ラーメン、うどん、そばなど

（お酒）日本酒、ウイスキー、ビール、焼酎

【ファッション】ハラジュク文化、ストリートファッション

ギャル、ゴシックロリータ、着物、浴衣《ゆかた》

ここに挙げた6つの分野は、いずれも日本が世界に誇ることができるものばかりです。例えば、2021年、世界国際フォーラムにおける日本は観光の魅力度ランキングで世界1位を獲得しています。

観光都市として特に外国人に人気なのが、北海道のニセコ町です。同町の土地の中には、2014〜2020年にかけて1平方メートル当たり5万〜72万円と、14・4倍になったところもあります。

ゲーム産業における「マリオ」「ポケモン」「ニンテンドー」の存在感は抜群です。ちなみにフィリピンでは、『ワンピース』『ドラゴンボール』が大人気です。

食文化の1つであるお酒は、サントリーがウイスキーの「響《ひびき》30年」の定価を1ビン16万円から36万円へと2倍以上に引き上げました。旭酒造は人気の日本酒「獺祭《だっさい》」を売るために、米ニューヨークに新工場を建てました。

それほど、世界的な人気が高まっているのです。

日本の食文化は大変な人気です。日本では寿司職人の年収は500万円程度ですが、ニューヨークなら年収1億円以上の寿司職人がたくさんいます。日本で私たちが普通に食べている料理店のレベルは世界的に見れば非常に高いので、それらの店のシェフが海外に行けば、間違いなくお金持ちになれるでしょう。かつて、日本食レストランで一番人気があったのはラーメン店でしたが、最近はそば好きの外国人も増えているのでそば屋も面白いかもしれません。

ニューヨークにある著名な日本食レストランの「NOBU」などでも、料理人は日本人ではなく韓国人です。

しっかりとした和食ではなく大雑把《おおざっぱ》な味付けで、あまり美味しくありません。

それを日本食だと思っている海外の人を日本に招待し、寿司などを食べていただくと、「デリシャス!!」とビックリされます。

その驚く顔を見たくて、私はたくさんの海外の人を日本にお誘いしてきました。

ちなみに、ごく普通の主婦でも、海外で腕をふるえば日本食の分野で成功できる可能性は大いにあります。私も自分の母をハワイに連れて行き、「和食レストランの経営をやってもらおうかな」と、半ば本気で考えています。

ぜひ、料理に自信のある方は、海外でチャレンジしてみてください。

グローバル・シチズンの法則

- 日本人の気づかない日本文化が海外から注目されている。
- 日本では安くても、海外なら高く売れるものを探そう。

日本人がとても苦手な「海外ビジネス・5つの壁」

今、世界的に日本食がブームです。日本への観光客が増えるに従って、さまざまな日本食が世界中で紹介されるようになりました。

かまぼこで有名な株式会社紀文食品が2023年にタイ・フランス・アメリカ・ブラジルで行った「日本食認知度調査」によると、最も知られている日本食は「寿司」でした。

続いて、「ラーメン」「天ぷら」「すき焼き」などが並びますが、国によっては「たこ焼き」「カニカマ」「牛丼」なども上位にランクインしています。

同時に、この日本食ブームに乗って海外でレストランビジネスをしようと考える人も増えています。農林水産省が2023年10月に発表したデータによると、世界各国に存在する「日本食レストラン」は2021年の約15・9万店に対して、2023年には約18・7万店と、およそ2割も増加しているのです。

しかし、このように海外でビジネスをする際に気を付けていただきたいのが、情報収集不足による失敗です。**日本人は謙虚な民族だとされていますが、自分たちの商品やサービスについては自信過剰な傾向が強いように思います。**

特に、次に挙げる「海外ビジネス・5つの壁」は注意してほしいポイントです。

【言語の壁】……海外ビジネスでは、言語の壁が大きな課題となります。コミュニケーションが不十分になることで、誤解や情報伝達ミスが発生します。通訳がいればいいと考える経営者は多いですが、それでは海外ビジネスはうまくいきません。

【文化の壁】……ビジネス習慣の違いが、コミュニケーションの重大な障害になります。無意識のうちに、失礼な態度を取ってしまうこともあるでしょう。さらに、宗教は海外の人々にとって生活と切り離せないものですから注意が必要です。

【市場の壁】……市場ニーズに対する理解が欠けていることがあります。

顧客が求めていることや競合他社の強みが、日本とはまったく異なることを理解しなければ、海外ビジネスでは成功できません。

【法律の壁】……現地の法律を理解しておきましょう。知らないうちに法律違反を犯してしまうことがありますから、現地の法律関係者（弁護士）の協力は不可欠です。

【マネジメントの壁】……日本式の社員教育が必ずしも適用できるわけではありません。過度に日本のやり方を押し付けると、現地スタッフに反発されることがあります。現地の文化や習慣に合わせた柔軟なマネジメントスタイルを取り入れることが大切です。

私自身、何度もこの「5つの壁」にぶつかったことがあります。

例えば、初めてフィリピンに渡ったとき、私は美容師として成功するつもりでした。ところが、日本では1人当たり5000～1万円いただいていたカット代が、フィリピンという市場では1人当たり500円であることを知らなかったのです。

まさに、外国の市場ニーズに対する正確な理解が欠けていたため、【市場の壁】で失敗したと言えるでしょう。

今でこそ日本の寿司は海外で人気ですが、アメリカに進出したころは、大苦戦だったそうです。

日本と同じ寿司を出してもアメリカ人は喜びません。

なぜなら、海苔の黒さが食欲を減退させたり、生の魚が苦手な人が多かったり、という【文化の壁】があったからです。

そこで、海苔を内側に巻いて外側から見えなくしたり、生魚の代わりにアボカドなどを使ったりした新メニューが開発されました。そう、「カリフォルニアロール」です。この工夫によって、寿司はアメリカで大人気になったわけです。

やはり、**市場調査をしっかり行うことが、海外ビジネスで成功する秘訣《ひけつ》と言えるでしょう。**

法律の壁も忘れてはなりません。飲食店は許可や申請や衛生面のチェックが厳重だからです。日本のレストランには当たり前のようにいるゴキブリですが、アメリカではゴキブリがいるだけで48時間の営業停止になります。

営業に関する届け出も国によって違います。

ちなみに、私は海外でビジネスを行う際には、必ずその国の弁護士を「2人」以上使い、ダブルチェックするようにしています。

もちろん、その分お金もかかりますが、これも海外でビジネスをする上では欠かせない「必要経費」なのです。

グローバル・シチズンの法則

●海外ビジネスでは市場調査や法律問題のクリアが必須である。

●商品やサービスは現地のニーズに合わせて作り変える。

「不動の財産」が百年企業を支えてきた

マヨネーズの「キユーピー」、カレーの「ハウス食品」、ゼネコンの「清水建設」、ゲームの「任天堂」、ビールの「キリン」、化粧品の「資生堂」、医薬品の「武田薬品工業」、農業機械の「ヤンマー」、デパートの「三越伊勢丹」。

これらの企業に共通するものは、いったい何でしょうか？

答えは、「百年企業」。つまり、100年以上、継続している企業です。

「企業生存率」という計算方式があります。それによると創業1年後の生存率は72％、そして10年後は26％しか生き残っていません。国税庁によると、10年続く会社は6・3％、20年続く会社は0・4％というデータもあります。

百年企業は、大変長生きしている超優良企業と言えるでしょう。

私は、日本ではどんな企業が生き残ってきたのかを調べたことがあります。

その過程で注目したのが、100年近い歴史を持つ「丸井グループ（マルイ）」でした。

多くの人が、「OIOI」というマークを掲げた同社の店舗を見かけたことがあると思います。

マルイは1931年の創業です。長い歴史の中では、戦争で東京が焼け野原になったり、預金封鎖で国民の財産が取り上げられたりといった大ピンチがあったはずです。

そこで、私はさまざまな危機を乗り越えることができた理由を、マルイの役員の方に直接聞いてみたのです。その答えは意外にもシンプルで、「新宿の一等地に土地を持っていたから」というものでした。

この証言からも、**世の中が混乱し、激しいインフレが発生するようなときに生き残る会社は、土地（不動産）を持っている企業であると確信しました。**

実際、太平洋戦争よりも前に、いくら現金を持っていても無意味でした。

なぜなら、戦後の1946年に政府は財産税を課し、富裕層から最大90％も資産を奪っていったからです。また、1945年8月から1949年までのわずか4年間で、物価がおよそ70倍に上昇しました。

しかし、土地を持っていれば、その価格は物価と連動して上がります。むしろ、戦後復興が進めば進むほど、その価値も急上昇したはずです。その土地を担保に融資を受け、商売を始めれば、かなりの儲けを見込めたでしょう。

このように、混乱の時代への備えは現金（貯金・預金）だけでは不十分です。日本も、激しいインフレの時代が始まろうとしています。今こそ、「現金を不動産に交換する」という選択肢もグローバル・シチズンの法則に加えてください。

グローバル・シチズンの法則

- ある日、いきなりお金の価値がなくなることもある。
- 国の政策のすべてが国民を救うわけではない。

「大阪カジノ計画」が日本に莫大な利益をもたらす

「2025年に日本国際博覧会が開催！」。最近、大阪がとても元気です。50年ぶりに大阪で開催される万博の経済的なインパクトは相当なものになります。この活気や可能性は、大阪以外の地域にいる人にはわからないかもしれません。

この万博以上に私が注目しているのが、大阪のカジノ計画です。

日本初のカジノオープンは、もともと横浜が大本命でした。

しかし、地元の政治家や有力者の反対により、話は立ち消えになりました。「カジノ依存症になる」「反社会勢力が増える」といった声の高まりが主な中止の理由とされています。

一方、大阪では、「観光客が増える」「新しい雇用が生まれる」といった声が多く、カジノは積極的に受け入れられました。

サラリーマン気質の人が多くリスクを避けたがる横浜と、商売人気質の人が多く儲かることならチャレンジしてみたい大阪の価値観の差を感じます。

では、実際、カジノが開業したら多くの人たちはどうなるのでしょうか？

カジノはギャンブルであり、ギャンブルは麻薬とも言われています。

カジノの功罪を知るには、日本の一歩先どころか百歩先を行くマカオが参考になります。なぜなら、マカオは160年の歴史を持つカジノ都市だからです。

私の友人に、マカオ人で「ザ・ベネチアン・マカオ」「ギャラクシー・マカオ」「MGMマカオ」のマーケティング部門を渡り歩いてきた人がいます。

これらのリゾートホテルには、いずれも巨大なカジノフロアがあります。

特に、ザ・ベネチアン・マカオのカジノは世界最大級で、フロア面積は5万平方メートル以上。東京ドームが丸ごと入るカジノフロアには、見渡す限りスロットマシンとバカラテーブルが並んでいます。

マカオでは市民生活に悪影響が出ないように、カジノをうまく管理しています。

まず、デメリットの代表格である「カジノ依存症」ですが、これは大いに気を付ける必要があります。先ほどの3つのホテル運営に携わった友人からの唯一のお願いが、「セイジ、絶対にカジノには近づかないで！」だからです。

カジノの誘惑は本当に神がかり的なレベルで、普通の人間では抵抗不可能です。

すべてのカジノ利用者は、カジノの手のひらで転がされていると考えた方がいいでしょう。

例えば、カジノには時計と窓がありません。

そのため時間の経過に気づきにくく、知らぬ間に長時間遊び続けてしまいます。

アルコール類も無料でいくらでも提供されますし、豪華な内装と照明、賑やかな音楽で自然に興奮状態にさせられます。そのため理性のブレーキが利かなくなり、とめどなくギャンブルにのめり込んでしまうのです。

マカオの小学校・中学校・高校では、「カジノは観光客向けの施設で、マカオ人は行ってはダメ。損をするだけです」と繰り返し教えられています。

さらに、マカオの公務員は基本的にカジノ立ち入り禁止で、年に3日しかカジノには入れません。

一方、メリットですが、経済効果が絶大です。

マカオは全世界の独立した会計制度を持つ国や地域の中で一番豊かであり、国の借金（政府債務残高）は、ＧＤＰ比率でほぼゼロです。

日本の借金の合計が１２００兆円でＧＤＰ比率の2・6倍ですから、いかにマカオが豊かな国かがわかるでしょう。

国民の平均年収は日本のおよそ3倍で、一般の公務員でも年収１２００万円を超えています。所得税の最高税率はたった10％ですが（日本は45％）、ほとんどの人は税金を支払っていないか、支払っていても5％くらいでしょう。

逆に、マカオ政府から毎年20万円くらいの給付金をもらえます。

教育や文化には補助金が出て、語学学校やピアノ教室、水泳教室などに、大人も子どもも、ほとんど無料で通うことができます。個人経営の店が台風被害を受けた場合や、新型コロナウイルス感染拡大の被害を受けたときも、補助金を山ほどもらえました。

国全体の給料がいいので、学校の先生やシェフが世界中から集まり、教育レベルもグルメレベルも非常に高くなっています。

生徒の学力を示す「PISA《ピザ》（国際学習到達度調査）」のスコアも、近年は香港やシンガポールに追い付き、世界のトップレベルです。

私は2023年、3年ぶりにマカオに行きましたが、多くのアジアの大都市が新型コロナウイルス感染拡大でボロボロになっていたのに対し、マカオはさまざまな場所がきれいにリノベーションされていました。

街も安全面が強化されています。財政が潤っているため、警察官や警備員を多く雇い、監視カメラを各所に設置、治安も世界最高レベルと言えます。

さて結論ですが、**マカオを知る私の意見としては、カジノを誘致した大阪は大正解で、保守的な判断をした横浜は失敗だった**と思います。

ギャンブル依存症を防ぐには教育と入場規制が必要です。反社会的勢力は強固に取り締まればいいだけで、いずれもカジノで財政が潤えば予算的に簡単にできることだからです。

２０２３年４月、日本政府によって大阪・夢洲にカジノを含む統合型リゾート施設の建設が認可されました。２０２９年秋に開業の予定です。

これから大阪が潤う可能性にはかなり期待していいと思います。

グローバル・シチズンの法則

●カジノ計画は国家予算に匹敵する経済効果をもたらす。

●ギャンブルのメリット・デメリットはカジノ先進国に学ぼう。

ドナルド・トランプから感じた「自分を信じる力」

これらの破天荒なエピソードを持つ人物が誰か、おわかりでしょうか？

「30代のときに『若き不動産王』と呼ばれる」

「オープンしたカジノ付きホテルが1年で破綻する」

「負債総額が100億ドル（およそ1兆5000億円）を超える」

そのとき言ったギャグが「ニューヨークのホームレスの方が私より金持ちだよ」

「これまでの人生で会社を6回も破産させ、私生活では2度も離婚している」

そんな波瀾《はらん》万丈の人生を送りながら、彼は2016年に第45代アメリカ大統領になりました。そう、彼の名前はドナルド・トランプです。

私は不屈の精神力に憧れ、必ず会えると確信していました。

手帳にも、叶えたい夢の1つに「トランプさんに会いたい」と書いてあります。

彼を徹底的に調べていくうちに、どういう流れでどういう人物に会えばたどり着けるのか、次第にイメージできるようになったのです。

あとは、その過程をより具体的に、詳細にイメージするよう心がけていました。「近い将来、必ず会える」と信じていました。その結果、アプローチが成功し、2022年、彼がフロリダに所有する別荘「マール・ア・ラーゴ」に招待され、本当に対面することができたのです。

直接お会いできたとき、「なぜ、もう一度大統領を目指すのですか？」と聞いてみました。すると、彼は「ネバー・ギブアップ！」と言ってから、「やはり、私にしかアメリカ大統領はできないからだ」と語ってくれました。

そのとき私が感じたのは、彼が心底、自分を信じているということでした。

普通の人とはまったく違うエネルギーを感じたのです。

もう1つ、会いたかった理由があります。

それは、「たった1人の人物が世界を動かし、変えていくことができる」という真実を、自分の目で直接見たかったからです。

トランプ大統領にしろ、ロシアのプーチン大統領にしろ、中国の習近平主席にしろ、世界的な影響力を持っています。

戦争や平和でさえ、1人の中心人物によって起こせたり、抑止したりできるのです。


この本は2024年の発行ですが、アメリカ大統領選挙が世界に及ぼす影響について少し触れておきたいと思います。

例えば、大統領が民主党から選出されれば、ウクライナやイスラエルの戦争は継続されるでしょう。歴史を振り返ればわかりますが、アメリカで戦争を起こすのはいつも民主党だからです（私はこれを「歴史の方程式」と呼んでいます）。

共和党のトランプ大統領が再び誕生すれば、戦争は収束に向かうと考えられます。

ただし、共和党・民主党いずれの大統領が誕生するにしても、ロシアや中国が結束してアメリカドルの価値を下げにかかる流れは変わらないでしょう。

世界は大きく2つに分断され、通貨によってどちらの国の価値を上げるか、下げるかという「綱引き」は、ずっと続きます。

しかし、これをマイナスに捉えるのではなく、極めてエキサイティングな時代だと考えてみてください。その鍵になるのが、「自分を信じる力」です。

私自身を振り返っても、絶望的な状況に陥りながらも最終的にビジネスで成功できたのは、「きっと夢は叶う」と信じていたからです。

これから始まる大きな変化の時代に、信じる力は私たちを奮い立たせ、ピンチを乗り越える大切な原動力となります。

グローバル・シチズンの法則

- **どんなピンチに陥っても自分を信じ続けよう。**
- **変化の時代に大切なことは「最後まで諦めないこと」。**

目標を達成できる人、できない人の行動学

私は毎年、年明けにその年の目標を立てるのですが、２０２４年は、正月から大地震、飛行機事故と立て続けに災害級のニュースが飛び込んできました。

さて、目標を達成できる人とできない人の違いは何でしょうか？

その違いは、「最終目的・逆算思考」か「原因・解消思考」か、という視点で説明できます。

ライト兄弟がたった12秒、36メートルの動力飛行に成功してから、わずか66年後に人類は月に降り立ちました。この歴史的快挙を達成したのが、ジョン・F・ケネディ大統領の「最終目的・逆算思考」です。

１９６２年9月12日に、国民に向けて行われた演説は歴史的なものでした。

「私たちは、月に行くことに決めました」

ゴールを決めなければ、人は行動しません。

行動しなければ、目標は達成できないのです（ダイヤモンドオンライン「100%目標を達成できる人、できない人の決定的なシンプルな違い」参照）。

目標を達成できる人は、「結果」ではなく「行動」を目標にしています。

例えば、「投資で1億円を稼ぐ」を目標に掲げた場合、政治や経済や海外情勢など外的要因にも影響されるため、達成は確実ではありません。

ところが、「毎日1時間、株の勉強をする」と行動を明確にした場合、自己管理さえできれば、誰でも目標は達成可能なのです。

私の場合、「どのような行動をすれば望む結果を得られるだろうか？」と、さまざまなやるべきことをリサーチして、達成可能な行動を見つけます。

つまり、見た目は「結果目標」なのですが、実は「行動目標」を立てることが大切なのです。

例えば、あなたが「英検2級に合格する」というゴールを設定したとします。

普通の人は、すぐに書店に行き、参考書を買って勉強するでしょう。

しかし、これは「原因・解消思考」の勉強法です。

私なら、まず「合格に必要な勉強時間数」を調べます。

高卒なら平均500時間、大卒なら平均300時間というデータを得られたなら、その勉強時間をスケジュールに組み入れてから、学習をスタートするのです。

これから目標を立てる場合、「最終目的・逆算思考」で行うことをおすすめします。すると、どのような行動をすればよいかが、一瞬にしてわかります。

何の見通しもなく「年収1億円がほしい」と紙に書いたとしても、なかなか達成できるものではありません。ゴールに至る正しい行動が成功の鍵なのです。

グローバル・シチズンの法則

- **「結果目標」から逆算して、「行動目標」を決める。**
- **ゴールインできる人は、ゴールする道筋を知っている。**

あなたはどっち?「幸せなお金持ち」になれる人、なれない人

私たち日本人が「どんなときに幸せを感じるか」は、世界の人たちとずいぶん違います。日本人の第1位は「美味しいものを食べる」という回答でした。

株式会社TENGAが2021年に行ったアンケートによると、「最も快いと感じるものは?」という質問に対して、「性行為をしているとき」という回答がアメリカ、イギリス、スペイン、フランス、中国、韓国では第1位だったのに対し、日本では第5位だったのです。

「幸せになるためにはお金が必要」と考える人たちはたくさんいます。

「お金持ちになれば、どんなことでも好きなだけ楽しめて、きっと幸せだろう」と思われるかもしれません。しかし、世界のお金持ちを観察すると、「幸せなお金持ち」と「不幸なお金持ち」が存在することがわかります。

【幸せなお金持ち】……ビル・ゲイツは世界有数の大富豪として有名です。

彼はその財産の一部を使って、「ビル&メリンダ・ゲイツ財団」を設立しました。

この財団は、世界中の貧困や病気、教育問題の解決に取り組んでいます。

多くの富裕層に慈善活動に積極的に参加するよう呼びかけているため、ビル・ゲイツは幸せで充実した人生を送るお金持ちとして知られています。

アマゾンの創業者であるジェフ・ベゾスも世界有数の大富豪です。

本業の流通業だけでなく、宇宙開発事業や環境問題など社会的な活動にも積極的に取り組んでいます。

【不幸なお金持ち】……世界最大のスーパーマーケットであるウォルマートの創業者サム・ウォルトンは、莫大な財産を築き上げました。

しかし、労働者の搾取《さくしゅ》や環境破壊などの問題を指摘され、晩年は厳しい批判にさらされました。

ハワード・ヒューズは20世紀を代表する実業家・映画プロデューサーであり、億万長者として知られていました。しかし、その莫大な財産によるストレスや世間からの注目が原因で、精神的に悩まされるようになりました。
やがて、彼は過度の不安や強迫性神経障害のため引きこもりがちになり、晩年はホテルの一室で孤独に暮らしました。

築き上げた財産で社会貢献を行うことで幸せな生活を送れます。反対に、お金を自分のためだけに使おうとすると、お金は心の平穏を奪ってしまうのです。

お金の本来の目的は、世の中に流通し人々の暮らしの役に立つことです。自分だけのところにとどめておくと、お金は持ち主に不幸をもたらすこともあるのです。

グローバル・シチズンの法則

- **幸せなお金持ちは他人のためにお金を使う。**
- **お金に祝福される人になろう。**

迷ったときに「やる人」がリターンを得られる

ケンブリッジ大学のバーバラ・サハキアン教授の研究によると、「人は毎日、3万5000回の選択をしている」そうです。

私たちも日常生活で、「飲み会に参加するかどうか?」「この商品を買うか、買わないか?」「この人と付き合うかどうか?」と迷うことが多々あります。

私も事業拡大のために、数百万円も出費する広告を「出すか、出さないか?」でよく迷うことがあります。

多くの人は「迷ったらやめておこう」と考えます。

何もやらないということは、選択も挑戦もしない人生になるので、毎日がワンパターンになり、人生が好転することはありません。

確かに「やめる」ことで、目の前の時間やお金は減らないかもしれませんが、新しい何かを手に入れるチャンスもなくなります。

例えるならば、植物が同じ場所で少しずつ育ち、少しずつ枯れていくような人生になります。

一方、**迷ったときに決断すると、リスクもあるかもしれませんが、大きなリターンを得られます。**

家の中にじっとしていても出会いはありません。外に出かけて行って、人と会うからこそ、恋が芽生えたり、新規のビジネスに発展したりしていくのです。

また、書籍や教材を買うからこそ知識が身に付いて、金銭的リターンを得られます。企業は広告を出すからこそ、商品やサービスが認知され、利益が入ります。

私の場合は、「迷ったらやる」と決めています。

高い教材を購入したり、事業を拡大するための広告費も払ったりしてきました。

また、思い立ったら引っ越しもしてきましたし、国際恋愛や海外不動産投資もたくさん行ってきました。

世の中はやらない人が多いので、やる人の勝率は高く、リターンも大きいのです。ビットコインも、周りの人たちはハイリスクだという中、2016年に大量に購入したら、予想以上の大きなリターンを得られました。

もちろん、連戦連勝というわけではありません。

数百万円支払った広告がまったく効果がなかったこともありますし、投資で数千万円から数億円を失うことも何度もありました。

しかし、トータルとしては大きくプラスになったのです。

人生は一度きりで、再チャレンジはありません。あなたが自分の人生を豊かに楽しく人間らしく暮らしたいのであれば「迷ったらやる」ことをおすすめします。

グローバル・シチズンの法則

● 「迷ったらやる」ことで、大きなリターンを得られる。

● 人生に再チャレンジはない。

今あるものに感謝し、前進する

「勤めていた会社が倒産してしまった」

「コツコツ貯めてきたお金の価値がインフレで半分になってしまった」

「今までやっていた仕事をＡＩに奪われてしまった」

これからの世界は、このようなショッキングな出来事が次々に起きると私は予想しています。

今までの「常識」や「価値観」や「当たり前」がガラガラと音を立てて崩れ落ち、まったく別のものに変わってしまうでしょう。

思い通りにならないことも加速度的に増えるかもしれません。

そんなとき、多くの人は「なんで私ばかりがこんな目にあうの！」とか、「こんな変化はもう嫌だ！」と感じるかもしれません。

しかし、今この瞬間に関わっているもののすべてに対して感謝し、これらの変化を１つ１つ受け止めることができたら、未来はどうなるでしょうか？

自分を取り巻く環境に感謝し、「これも人生だ」と発展的に前に進む道を考えれば、心の余裕が生まれます。

困難な状況に陥ってしまったときこそ、逆に考えるのです。

「勤めていた会社が倒産してしまった」
↓「この会社に勤めていたおかげで、営業のスタイルが身に付いた」（感謝）
↓「この営業スキルを活かせる、もっとよい会社を探そう」（前進）

「コツコツ貯めてきたお金の価値がインフレで半分になってしまった」
↓「貯金してきたことで、節約の習慣をつけられた」（感謝）
↓「節約した資金で、今度は資産運用にトライしよう」（前進）

「今までやっていた仕事をＡＩに奪われてしまった」
↓「今までこの仕事で生活することができた。ありがたい」（感謝）
↓「ＡＩの進歩はすごい、今度はＡＩを活用する側になろう」（前進）

反対に、現状に対する感謝の心を忘れ、起きた出来事を恨んだり悲観的になったりしていたらどうでしょうか？　変化に対応できるだけの心の余裕がないため、ますますマイナスのパワーに引きずられてしまいます。

その結果、変化の大波に呑み込まれてしまうでしょう。

これからやってくる厳しい時代には、「今あるものに感謝し、受け止める」という思考法をぜひ身に付けてください。

それが心の余裕を生み出し、危機を乗り越える知恵と勇気を与えてくれるのです。

グローバル・シチズンの法則

- ピンチのときこそ、今持っているものに感謝しよう。
- 心に余裕があれば、危機を乗り越える知恵と勇気が湧いてくる。

第5ルール

日本にあって
海外にない
「ビジネス」を探せ

どんな時代でも
生き残れる人になる

海外展開したら10倍広がるビジネスの見つけ方

私は投資家として、まだ実績があまりない企業に資金援助しています。そのため、ベンチャー企業の社長とよくこんな会話をします。

社長「家庭の不要な衣服や電化製品を無料で引き取り、リサイクル販売しようかと思っています」

私「このサービスについては、海外展開も考えているのでしょうか？」

社長「いいえ、今のところ国内展開しか考えていません」

私「そうですか、わかりました。申し訳ありませんが、今回の出資は考えさせてください」

私が出資するかしないかの判断基準の1つが、「そのサービスは海外でも求められているか？」ということです。

なぜなら、日本だけで完結しているビジネスには魅力を感じないからです。

自宅に眠っているさまざまな不要品を売ろうとするとき、多くの人は「メルカリ」などのフリマアプリを使うと思います。

しかし、私なら間違いなくeBay《イーベイ》を使うでしょう。なぜなら、圧倒的に顧客が多く、しかも高く買ってもらえるからです。

その差が付く理由は、「市場規模」です。日本最大手フリマアプリであるメルカリは、2021年のデータで流通総額は年間7845億円でした。

一方、アメリカ発のグローバル電子商取引企業であるeBayは、2021年のデータで流通総額は年間874億ドル（約10兆円）。メルカリとeBayには10倍以上の差があるのです。つまり、利益も数倍違うのです。

私には、なぜ多くの日本人が海外に目を向けないのか理解できません。

逆に、日本では当たり前にあるけれど、海外にはないビジネスには即出資することもあります。例えば、日本でよく見かける「カプセルホテル」というビジネスモデルは、なかなか面白いと思います。

さまざまな機能がコンパクトにまとまっており、海外のドミトリー（多段ベッドがおかれた相部屋の格安宿泊施設）よりもずっと機能的で快適です。

このカプセルホテルを「海外展開しませんか？」という話であれば、ぜひやってみたいと思いますが、「インバウンド需要を狙って、築地に1棟だけ作りましょう」という話に出資することはありません。

「ビジネスは常にグローバルに展開したい」という思いが私のビジネスの根本にあります。

現在はインターネットを使えば、誰でも簡単に海外とつながるビジネスを始めることが可能です。人口が減り続ける日本よりも、海外には多くのビジネスチャンスが存在しています。

グローバル・シチズンを目指すならば、「日本というフレーム」にとらわれない発想が必要なのです。

『ゴールドビジョン』（久野和禎著・PHP研究所）には、輝かしい未来を手に入れるためには「脱フレームワーク」の発想が必要だと書かれています。

「年収1000万円を稼ぐより、1億円を稼ぐほうが簡単」なのです。

なぜなら、現状維持が好きな脳が常識を超えた発想を始めるからです。

「日本というワク」にとらわれない発想をして初めて、これから始まる激動の時代を乗り越え、逆にうまく操ることができるのではないでしょうか。

グローバル・シチズンの法則

- **英語圏の市場規模は日本語圏の市場規模の10倍以上。**
- **ビジネスは最初から海外展開を視野に入れよう。**

外側の投資と内側の投資、どちらにお金をかけますか?

総務省統計局の調査（2022年）によると、2人以上の世帯における平均貯蓄高は約1901万円です。

「勤めている会社が倒産するかもしれない」
「いつリストラされるかわからない」
「将来は年金をもらえないかもしれない」

さまざまな不安を抱え、多くの人が預貯金に励んでいます。新型コロナウイルス感染拡大の際の給付金と行動制限の影響を考えると、さらに貯蓄額は増えているかもしれません。

しかし、お金は、貯め込んでいるだけでは何も生み出しません。

循環させることが非常に重要なのです。

特に、インフレと円安が予想される現在は、お金を銀行に預けていると、どんどん価値が目減りしていきます。

将来が不確定であればあるほど、お金をさまざまな形で使って、自分自身を成長させ、新しいチャレンジをしてみるべきです。

投資することで、思いがけない事態が起きても落ち着いて対応することができます。

私がおすすめしたいのは、次のようなお金の使い方です。

1. 人脈作りに投資する

これまで付き合ったことのない人と出会い、新たな人脈を築くためにお金を使うのは、とても有効なお金の使い方です。

ビジネスの関係でも趣味などのプライベートの関係でも、きっと将来、役に立つはずです。

2. 資産作りに投資する

投資について学ぶだけでなく、実際に身銭を切ってみることも有効です。例えば、ＦＸや株式などは、自分のお金を使って実体験してみなければ、なかなか知識が身に付きません。投資をすることでインフレや円安にも対抗できますから、ぜひチャレンジしてみてください。

3. 自分の成長に投資する

資格や免許・免状を取得したり、料理教室などで新たなスキルを身に付けたり、見聞を広めるために旅行するのも、よいお金の使い方です。

国内よりも海外に飛び出し、新しい世界の姿を見に行きましょう。

4. 自分の健康に投資する

歯医者や人間ドック、整体などに定期的に通うのは、非常に有効なお金の使い方です。

「人生１００年時代」と言われますが、その長い人生を充実させられるかどうかは、何歳まで健康でいられるかで決まります。

5. 自給自足に投資する

もし私が日本に定住する暮らしをしていたら、広大な畑を買い、そこで野菜を作ります。そうすることで、万一の食糧危機にも対応できますし、地域の人たちとのつながりもできるでしょう。

できた野菜を配ったり、売ったりすることは、ご近所付き合いに有効です。お金を実際に循環させて、本当の学びを得ることができるのです。

今後の激動が予想される経済状況において、確実に価値が保たれるのは一部の不動産と株、農業だと私は予想しています。

世の中がどれほど大きく変わっても、人間の生活には衣食住に関わる企業、およびインフラ（電気・ガス・上下水道など）企業が欠かせないからです。

壊滅的な経済状況になっても、自分で食べ物さえ確保できていれば安心です。

全国で昔のような自給自足をする農村的なコミュニティが復活し、物々交換が基本になる可能性もあるでしょう。実際、すでに人材派遣会社の株式会社パソナは本社機能の一部を兵庫県・淡路島に移動させています。

そして彼らは、週末は農業をしているのです。おそらく、同社はかなり厳しい未来予測に基づき、食糧の自給を検討しているのでしょう。

グローバル・シチズンの法則

●お金には、目に見えなくても有効な使い方がある。

●最も有効なのは自分の才能への投資。

「嫌いなこと」「やりたくないこと」を決めよう

「やりたいことは特にない」「今の仕事もやりたいわけではない」

そんな「やりたいことがわからない」人が、20代の男性で約46%、女性では約56%を占めているというアンケート結果があります（2019年、ニュースサイト「しらべぇ」によるインターネット・リサーチ）。

現在の日本の若者のほぼ2人に1人以上の人が、やりたいことがわからずに生きているのです。

やりたいことがわからず、惰性で生きていると、人生はあっという間に終わってしまいます。それでは、この世に生まれた意義がないのではないでしょうか？

まずは、「やりたいこと」を見つける手順をご紹介しましょう。

【ステップ1】……自己分析

自分自身をよく理解し、見つめ直してみます。強み、弱み、価値観、情熱を持てることをリストアップし、自分の特性や嗜好《しこう》を把握しましょう。

【ステップ2】……夢や目標のリストアップ

自分がどんなことに興味を持っているのか、どんな夢を持っているのかをリストアップしてみましょう。具体的であればあるほど、自分にとって本当にやりたいことが見えてきます。

【ステップ3】……優先順位の決定

リストアップした夢の中から、自分にとって最も重要なものや実現可能性が高いものを選び、優先順位を付けましょう。

【ステップ4】……試行錯誤

いくつかの選択肢を試してみるうちに、自分にとって本当にやりたいことが見つかります。やりたいことが見つかったら、思い切って行動してみましょう。

インターンシップやボランティア、趣味などを通じて、さまざまな経験を積んでみることが大切です。

【ステップ5】……フィードバック

自分が行った行動や選択に対して、自己評価をしてみてください。どの経験が楽しかったか、自分に向いているかのチェックが重要です。その際、他の人の意見もぜひ聞いてみてください。自分の知らない意外な才能が見つかったりします。

【ステップ6】……パッション

人生で本当にやりたいことを見つけるためには、「自分はできる」と信じ、パッション（情熱）を持ち続けることが大切です。どんな困難や障害があっても、夢を追い続けることで人生が充実し、幸福を感じることができます。

もう1つ、忘れてはならないことは「やりたいこと」は年齢によっても変わってくる、ということです。途中で飽きたり、面倒くさくなったりしてしまうこともあります。

おすすめしたいのは、「絶対やりたくないこと」を決めておくこと。**「嫌いなこと」は年齢を重ねても変わりにくく、人生における行動指針になります。**

私の場合、この「嫌いなこと」「絶対やりたくないこと」を決めておかなければ、面白そうなビジネスが舞い込んできたときに全部乗ってしまうことになり、時間がいくらあっても足りません。

「自分はこれが好き、これが嫌い」という線引きをある程度やっておくことは、有限の人生を有効に使うよい知恵だと思います。

「やりたいことがわからない人」、あるいは「やりたいことが多すぎる人」は、この「好き・嫌いを明確にしておく」ことだけでも、ぜひやってみてください。

グローバル・シチズンの法則

- 「やりたいこと」がない人生は、一瞬で終わってしまう。
- 自分の「好きなこと、嫌いなこと」を書き出してみよう。

優秀な「ビジネスパーソン」を集める方法、教えます

鉄鋼王アンドリュー・カーネギーの墓に刻まれている一文は有名です。

「自分より賢き者を近づける術《すべ》知りたる者、ここに眠る」


私は単身でフィリピンに渡り、一定の成功を収めたことから「ビジネスのコツを教えてください」と言われることがよくあります。

そんなときに私がいつも答えるのが、**「自分より優秀な仲間と組むことに全力を傾けてください」**ということです。

私はこれまでのビジネスで、いつもそのことだけにフォーカスしてきました。


正直、私より頭のいい人は世の中に大勢います。私は経済や法律に特別詳しいわけでもありません。だから、「優秀な人とビジネスパートナーになり、応援してもらったから成功できた」という感覚が非常に強くあります。

投資や不動産で成功できたのも、シリコンバレーの投資会社でファンドマネージャーをやっていた人たちをはじめとする、その道のスペシャリストに応援してもらったおかげだと思っています。

このような話をすると、次は「どうしたらそういう人たちと一緒にビジネスができますか？」と聞かれます。実は、私はこれまで一度も誰かに「ビジネスパートナーになってください」と言ったことがありません。

いつも相手の方から、「一緒にビジネスをやろう！」と言ってもらっています。こちらからお願いしてビジネスをする関係を作るよりも、「相手に、一緒にビジネスをやりたいと思ってもらえる自分でいたい」と常に思っています。もちろん、私も心の中では「この人と一緒にビジネスをやりたい」と思っているのですが、それは言葉にしなくても伝わるのです。

もう少し具体的にテクニックを紹介すると、特に海外のビジネスパートナーを作るときは、あまりビジネスの難しい話をしないようにしています。

一緒にごはんを食べて、お酒を飲んで、日本の文化の話をしたりします。

「日本で流行っているカルチャーはこうなんだけど、キミたちの国はどう？」といった感じです。

すると、相手が「日本って、そんなに面白いのか？」といった反応をして、「ちょっと行ってみたいな」となり、「それなら、おいでよ！」と、実際に日本に招待して仲良くなるという流れです。

この過程では、「ギブアンドテイクでビジネスをやりましょう！」というような話は絶対にしません。

相手が勝手に興味を持ちワクワクすることを、たくさん提供していくのです。

ちなみに、外国の人たちが興味を持つ日本の文化は、やはり「食」です。

彼らに一番「刺さる」と言っても過言ではありません。

「富士山」や「相撲」「温泉」も強いですが、やはり「食」は別格です。

海外の多くの国には生魚を食べる文化がないので、日本で寿司や刺身を食べていただくと、「生の魚って、こんなに美味しいのか⁉」と本当に感動されます（生魚は海外では寄生虫の心配があるので、街中のレストランでは出せません）。

日本では、釣った魚はその場で鮮度を保つために「生け締め」（脳死と血抜き）をします。出汁《だし》にもこだわり、「一番出汁」「二番出汁」と、調理するときには分けて使います。

ステーキやハンバーガー、フィッシュ&チップス、フライドポテトなどしか食べていない人たちからすると、「隠し包丁を使う」などの和食の料理技術は、やはり「エクセレント！」なのです。

世界的に見て、ミシュランの星付きレストランが一番多いのも日本です。

本場のパリっ子たちが、「なぜ、日本のレストランにあれほどたくさんの星を付けるんだ」と息巻いているくらいです。日本の食文化の質は「神レベル」にあるため、それが海外のビジネスパーソンを引き付ける魅力になっています。

余談ですが、海外の和食レストラン（特にニューヨーク）の寿司は生臭くて、日本人には食べられたものではありません。

そのような現状なので、海外の人が日本の普通の寿司屋で寿司を食べるとあまりの美味しさにビックリするのです。

ぜひ、日本人に生まれた地の利とメリットを存分に活かして、海外のビジネスパートナーをゲットしてください。

グローバル・シチズンの法則

- **ビジネスの成功法則は「いかに優秀な人材を集めたか」。**
- **押し売りではなく、相手に興味を持ってもらう。**

全勝する必要はない。1勝49敗でも黒字になればいい

2023年、日本政府は「資産所得倍増プラン」を掲げ、「貯蓄から投資へ」のシフトを本格的に進めていくことを発表しました。

国民への投資推進の目玉であるNISA制度は改正され、2024年以降は年間360万円の範囲内であれば、買い付けた上場株式等を非課税かつ無期限に保有できるようになります。

しかし、2022年3月末時点でNISAを利用している人の割合は、金融庁の調査によるとおよそ国民の7人に1人。全体の14%ほどですから、実際に投資をスタートしている人は少ないと言えそうです。

まだ投資を始めていない人の「やらない理由」ですが、保険相談サービスを提供する保険マンモス株式会社が2022年に行った「資産運用に関するアンケート調査」によると、第1の理由は「失敗したときのリスクが怖い」というもので

した。

読者の皆さまの中にも、同じような不安を感じて投資に踏み出せない方も多いと思います。投資家として活動する私の経験から、アドバイスをさせていただきます。

これは私自身の成功法則ですが、「50社投資しても成功するのは1社のみ。1社の成功で残り49社を上回る利益が出たら勝ち」です。

私自身、さまざまな個人や企業に投資してきた中で、本当に成功した企業は一握りです。感覚的には50社に1社くらいでしょう。しかし、この1社から得られる利益が残り49社を上回れば、全体として投資は成功したことになります。

実際に投資をして成功するには、この考え方ができるかどうかが重要です。

「投資すべてを成功させなければならない！」と考えると、いつまで経っても投資を始めることができませんし、ちょっとした失敗でくじけてしまいます。

反対に、**「49社で失敗しても、1社で取り戻せばいい」という気持ちで投資を**

始めれば、失敗から多くの学びを得ることができて、最終的に成功することができます。

世界的な投資家である孫正義氏も投資で無数の失敗を繰り返して、「1000個に3つ成功すればいい」と言っています。

しかし、そのうまくいった3つの利益が桁違いなのです。

アリババの成功で5兆円以上、アームの上場で8兆円以上の利益を上げたと言われています。「千三《せんみ》つ」とは、本来悪い意味に使われますが、現代社会の収益モデルとしては優良なのかもしれません。

グローバル・シチズンの法則

●どんな仕事にもリスクはある。何もしない人は何もつかめない。

●小さな負けから学び、大きな勝利をつかもう。

「愛情を持てない分野」に投資してはいけない

「投資の対象は、自分に理解できる『シンプルなビジネス』に限るべきだ」

これは世界一の投資家であるウォーレン・バフェットの言葉です。

彼はその言葉通り、テクノロジー系の企業の株はあまり購入していません。

なぜなら、「自分はパソコンに弱い」と自覚しているからです。

その代わり、日頃から愛飲しているコカ・コーラや、日頃から使っているクレジットカード会社に投資し、巨大な財産を築きました。

そのときに流行しているビジネスではなく、自分がよく知っており、愛情を持てるようなビジネスへの投資を実践したのです。

投資の原則はビジネスの原則と同様、「安く仕入れて高く売る」ことです。

言い換えれば、企業価値が低いときに株を買い、その価値が高まったときにエグジット（売却）するのが原理原則です。

投資をする上では、長期的な視点で調べることも大切です。

ここ数年は仮想通貨のブームがありましたが、これからは食糧をはじめ、石油や石炭、金などの天然資源が重要視されます。

過去10年は中国やアメリカの成長に対する投資がブームでしたが、これからはインド（2022年の経済成長率が7・2%。2023年に世界一の人口となった）や、アフリカ諸国（2022年の経済成長率で世界平均の3・4%を上回る3・8%を記録）に投資することで、大きなリターンを得ることができます。

世界の人口は2050年に97億人（2023年現在は80億人）に増加し、平均寿命は2077年に80歳（2022年時点で71歳）まで延びることが予測されています。つまり、世界が本格的な高齢化の時代を迎えることから、医療系サービスのニーズが高まることもわかります。

すべての情報はインターネットの中に落ちています。その中から自分で愛情を注げる分野を探せば、大きな投資のチャンスが見つかるのです。

もう1つ、世界的な情勢の変化に伴う有望な投資先があります。それは中東、特にドバイです。これまでは香港、シンガポール、スイスといった国々が富裕層のウェルス・マネジメントを担い、経済的に発展してきました。

これらの国の通貨はアメリカドルと連動しているため、価値が世界的に担保されています。そのため世界中のお金持ちは、自分たちの資産をこれらの国で管理していたのです。

しかし、最近では中国やEUの政府当局による干渉が強まり、富裕層のウェルス・マネジメントに適さなくなってしまいました。

ドバイを有するアラブ首長国連邦の通貨「ディルハム」は、アメリカドルと連動しているため、これまでウェルス・マネジメントを担ってきた国々と同じメリットがあります。

さらに、ドバイは王族をはじめとする富裕層を保護する観点から、資産の秘匿性が今後も守られる方針です。

次のウェルス・マネジメントを担う国となり、ますます発展するでしょう。

ドバイは世界の経済政策の失敗例を研究しており、不動産バブルを起こさないように住宅の開発スピードと人口の増大をコントロールしています。

そして、石油という現代社会を支える資源も持っています。

これらの理由から、投資先としては非常に有望だと言えるでしょう。

ちなみに、最近のウォーレン・バフェットは、テクノロジー株の筆頭であるアップル社の株を大量に保有しています。その理由は、「iPhoneはとても便利で手放せないからね！」というものでした。

やはり、**「自分が愛情を持てる分野のみに投資する」**という彼のスタンスは変わっていないのです。

グローバル・シチズンの法則

- **流行りのビジネス、知らないビジネスには投資してはいけない。**
- **世界の情勢を観察し、投資先を多角的に分析する。**

第6ルール

AIと暗号通貨で「ビッグバン」が生まれる

ビジネスチャンスが飛躍的に進化する

AIが芥川賞小説を書く時代になった

2024年に芥川賞を受賞した九段理江さんは、「生成AIを使って文章の一部を書いた」と発表し、物議を醸《かも》しました。

文学作品は、著者の経験や感性、見識、価値観、生まれ育った環境、過去に読んだ本など、すべての要素の集大成だからです。

ドイツでは、有名な写真コンテストで、AIを使って作成した画像が最優秀賞を受賞しました（作品名は「偽の記憶：電気技師」）。受賞したアーティストのボリス・エルダグセンは、「未来の写真について議論を起こしたかった」と述べましたが、こちらも物議を醸し、受賞を辞退しました。

2023年に入り、一気に「文章生成AI」が身近なものになりました。

あなたの周りにも、スマホに「今年、流行るビジネスについて教えて」とか、「商品を売るためのキャッチフレーズを50個考えて」などと話しかけている人がいるのではないでしょうか。

ChatGPTやGemini《ジェミニ》にテキストや音声で質問を投げかけると、すぐに整理された回答を出してくれます。人間なら商品のキャッチフレーズを50個も考えるのは大変ですが、AIなら10秒くらいしかかかりません。

これ以外にも、イメージを示す単語を入力するだけでイラストや写真を生成してくれるStable Diffusion《ステイブル ディフュージョン》や、Bing Image Creator《ビング イメージ クリエイター》のような「画像生成AI」も数多くリリースされています。

AIは、私たちがすでに使用しているスマートフォンにも取り込まれています。例えば、写真加工アプリなどでは、撮影した写真の中に写り込んだ邪魔な人影などを消去することができます。

これを可能にしているのは、消した部分の画像周辺の状況を読み取り、空白部分に新たな画像を作り出すAIの技術です。

つい最近まで、ＡＩは人間のデスクワークの補助として使われていました。例えば、ＡＩは決められたルールで大量の数値をグラフ化する作業などが得意です。膨大なデータをパワーポイントの資料にまとめるといった、丸一日かかるような仕事でも、一瞬で終わらせてくれるでしょう。

ところが、ＡＩはほんの1～2年で劇的に進化してきたのです。

ここに挙げたのはＡＩのごく一例であり、今後もさまざまなＡＩが登場してくるでしょう。

そのとき、ＡＩを使う人と使わない人との間には、作業効率や品質の面で圧倒的な差が生まれます。

つまり、**ＡＩを使うと時間を短縮できるだけでなく、大量のトライ＆エラーを繰り返せるのです。**

そのトライ＆エラーの結果から最もよいものを選べば、品質も当然のように向上するわけです。

新しい時代にはＡＩを使った人が絶対に勝利すると言えるでしょう。

ＡＩは私たちの仕事を効率化し、品質を向上させてくれる素晴らしいツールです。ＡＩを毛嫌いしたり、怖れたりするのではなく、ぜひ、積極的に自分の仕事や生活の一部に取り入れてみてください。

それによって、生活は豊かになり、仕事は10倍も１００倍も捗《はかど》るのです。

グローバル・シチズンの法則

●ＡＩは小説や写真の作品になるまで進化している。

●仕事の作業効率や品質を上げるならＡＩ活用は必須。

「AIディレクション」で人工知能は自己成長する

AIは人力でやっていたことを代替しているに過ぎません。

「目的を定めること」「出力されたデータを判断すること」「作成データを応用すること」は人間にしかできないのです。

AIに対して前提条件や質問を設定することを「AIディレクション」と呼びます。すでにアメリカなどでは、AIへの質問や作業の指示を出す専門家も生まれています。そのとき重要になってくるのは、次の2つのポイントです。

1．何をさせるか？

実はAIには、不得意ジャンルがあります。

例えば、「人の気持ち」や「微妙なニュアンス」を扱うのは苦手です。

日本人同士ならば簡単に伝わる心、「結構です」「それじゃあ、そういうことで」などの会話は、AIにはわかりません。日本語の「どうも」には数十もの個別の意味があります。

ですから、人間に依頼するようなつもりで文章を書かせると、まったく無関係だったり、目的にそぐわなかったりする内容を織り交ぜることがあります。「自然に見える文章を出力する」という目的で文章を作成するため、平気で間違った固有名詞を使うこともあります。

2. どのような質問・指示をするか？

ChatGPTのような対話型AIに適切な回答を出させるには、AIに質問の背景を伝え、適切に質問を設計する必要があります。

曖昧な質問では、曖昧な回答しか返ってこないからです。

例えば、この本を執筆するときに私がChatGPTを活用した際には、次のような前提をAIに伝えました。

「私は、経済的に一定の成功を収めています」

「今回、書籍を制作するための取材を受けています」
「古い価値観や行動を変えるためにどうしたらよいかを教えてください」
「お金の使い方について、世の中のために役立つような回答をしてください」

私は、書籍の内容を求めているのではなく、中身の正確性をチェックするためにＡＩを有効活用しています。資料作成をＡＩに任せることによって、より生産性のあるクリエイティブな仕事に没頭できます。

ＡＩの最大の能力は、過去の問いに対して、新たな変化を受け入れ、学習して、最適解を瞬時に見つけ出すことです。将来的には、「ドラえもん」のように、人間以上に情緒豊かなＡＩも生まれるかもしれませんね。

グローバル・シチズンの法則

● 資料作成はＡＩに任せ、クリエイティブな作業に専念する。

● 「何をさせるか？」より「どのような指示を出すか？」が大事。

AIは、今後30年間で1兆倍賢くなる

2023年7月、東京大学で開かれた「東大×生成AIシンポジウム」に登壇したソフトバンク会長の孫正義氏は、「AIは今後10年間で、平均的な人間の100万倍、30年間で1兆倍と圧倒的に賢くなる」と語りました。

また孫氏は、**「AIを使わない人は、車があるのに遠くまで歩いていくようなものだ」**とも述べています。

人工知能が開く未来に対して、マイクロソフトやグーグル、その他さまざまなベンチャー企業が生成AIを使ったサービスを提供しています。

その結果、**生成AIを使う人と使わない人との間には、富でも人脈でも社会的信頼度でも、圧倒的な差がついてしまいます。**

文章だけではありません。AIはウェブサイト制作も得意です。

さまざまなパターンのウェブサイトを一瞬で作ることができます。

また、ＡＩを使えば、人間と変わらない対応ができる「チャットボット」（自動会話プログラム）が実現します。これまでアイドルや芸能人がやっていた「握手会」のようなファンと触れ合うイベントも、メタバース上でチャットボットが行い、これに課金されるようになるかもしれません。

Ｖチューバー（イラストのキャラクターを使うユーチューバー）では、動画のキャラクターを使うサービスも今後は加速していきます。

バーチャル世界は、ＡＩの発展とともに無限に広がっていくでしょう。

グローバル・シチズンの法則

● ＡＩはすべての業界の可能性を無限に広げる。

● 現実よりもリアルな世界が創り出されていく。

「AI×新サービス」にビジネスチャンスが潜んでいる

すでに日本でも、テレビで「AIアナウンサー」がニュースを読み上げることも珍しくなくなりました。その口調は人間のアナウンサーと変わらず、人間かどうか聞き分けるのも難しいくらいです。

そして、ChatGPTのような対話型AIとの文字を使った会話は、本物の人間のような自然さがあります。

生成AIを使うことが当たり前の時代には、「AIと何を組み合わせるか？」がビジネスのヒントになります。

私は「メタバース×AI」という組み合わせに注目しています。

AIをメタバースの世界に投入したらどうなるでしょうか？

メタバースとはインターネットで接続された空間で、人は「アバター」と呼ばれる自分の分身（アイコン）を操作して行動します。

これまでにメタバースブームは何度か来ては去りましたが、その原因は「メタバースにほとんど人が集まらない」というものでした。

しかし、ＡＩによって生成された無数のアバターが登場すれば、一気に事態は変わります。メタバースで無数の出会いが期待できるとしたら、多くの人が夢中になるのではないでしょうか？

例えば、メタバースに生きるアバターの衣食住のニーズを満たすサービスは、誰もやっていません。物理空間に存在するさまざまなビジネス（アパレル・飲食店・建設会社など）は、メタバース上ですでに開店し利益を上げています。

さまざまなエンターテインメントも、メタバース上で演じられるとしたらどうでしょう。ＡＩを使ったメタバース上では、リアルタイムの言語翻訳が可能ですから、誰でも世界を相手にしたビッグイベントを開催することができます。

「AIモデルの写真集は法的問題がありそうだから出版しない」というような後ろ向きの姿勢ではなく、**「メタバース×AI」のような前向きな世界を描いてこそ、ビッグバンにつながる新しいビジネスチャンスがあるのです。**

グローバル・シチズンの法則

● AIと「何か」を掛け合わせることでビジネスチャンスが広がる。

● やがてメタバースと日常生活が共存する世界がやってくる。

謎の人物、「サトシ・ナカモト」が世界の通貨を変えた

２０１８年、暗号通貨（仮想通貨）がハッキングされ、５８０億円が盗まれた「コインチェック事件」を覚えていますか？

逮捕されたのは、なんと大阪市の会社役員と北海道の医師でした。

このニュースを聞いたとき、大きく分けて２つのタイプの反応があると思います。

Ａ「だから暗号通貨は怪しい。ビットコインも暗号通貨もなくなるはずだ」

Ｂ「盗まれるということはいよいよ暗号通貨の価値が認められてきたのか。これは暗号通貨がお金として世界で流通する可能性があるな」

あなたはどちらのタイプでしょうか？

まだまだ、暗号通貨に否定的な方が多くいるのも事実です。

なぜ、暗号通貨は怪しいと言われているのでしょうか？

この通貨は、「サトシ・ナカモト」という架空の日本人が設定したものと言われています。特定されていない人物なので、世界中に本人を名乗る人がいますが、それが暗号通貨の怪しさの要因の1つになっています。

実は、暗号通貨の仕組みを詳しく調べていない人が、「怪しい」という反応をしているのです。

先入観だけで判断する人は、自分の行動に自分でブレーキをかけています。新しいビジネスの可能性が目の前に開けているのに、それをスルーして大きなチャンスを逃してしまうのです。

暗号通貨は世界の通貨の仕組みを根底から変える「通貨のビッグバン」です。新たな通貨の流通システム登場で、明らかにお金のルールが変わろうとしています。

例えば、銀行にお金を預ける必要がなくなってきます。

銀行を通さずに手数料ゼロでお金を一瞬で送れたり、ブロックチェーンによってビットコインがどこからどこへ流れたかを追跡できたりします。

これまでは海外に送金する際に、数千円の手数料や長い日数がかかっていましたが、手数料をかけず短時間で送金できるようになります。このように、実体のない暗号通貨の方が、逆に安心して持てるし使えるのです。

私は、暗号通貨にも使われているブロックチェーン技術の開発に事業でも関わっていますが、ビットコインはすでにビックカメラやＤＭＭ、ホテルや飲食店など、使える場所が増えているのも事実です。これからさらに、ブロックチェーン技術は日常生活に影響を及ぼすでしょう。

グローバル・シチズンの法則

- **暗号通貨は「お金のビッグバン」であり、世界を変える。**
- **財布の中からお札や硬貨が消える日がやってくる。**

日本政府が「デジタル円」を発行する日がやってくるかも

もう1つ、暗号通貨の偉大な功績があります。「ビットコイン」や「イーサリアム」といった暗号通貨は、その途方もない値上がりによって何百人もの「億り人」（資産1億円以上を達成した人）を誕生させました。

もともと2009年には1ビットコイン0.07円だったものが、2021年には1ビットコイン700万円を超えたのですから、初期に投資した人が手にした金額は途方もないものになります。

ちなみに、2017年の確定申告で、暗号通貨による収入が1億円を超えていた人は331人だったそうです。しかし、そんな彼らの栄華がこれからも続くとは考えにくいと私は思っています。それは、**国家が金属や紙の通貨を廃止して、デジタル通貨を発行する可能性が高まっている**からです

ビットコインをはじめとしたデジタル通貨の多くは、非中央集権を目指しています。

一方、世界中すべての通貨は、中央集権によって発行が管理されています。

日本の場合は、日本銀行（日銀）です。

現在、世界中の国々の共通の課題は、「いかに国民の資産を把握し、課税するか」というものです。すべてのお金の動きを把握できる「デジタル通貨」は、そのためにはうってつけです。日本においてもマイナンバーカードが普及しつつあります。

このような条件が揃っているのは、日本政府も「デジタル円」の発行を想定しているためかもしれません。デジタル円の発行元は日本政府ですから、「誰が、いつ、いくら、何に使ったか」のすべてを日本政府は把握することが可能です。

そうなれば脱税は不可能になり、確定申告をはじめとする、すべての税金に関する作業は自動化されるでしょう。

正直なビジネスをしている人にとっては、面倒な事務作業から解放されて喜ばしいことですが、後ろめたいことをしている人にとっては、かなり厳しい時代が来るとも言えそうです。

もし、国によってデジタル通貨が発行されると、他の暗号通貨はどうなるでしょうか？　ビットコインやイーサリアムは、ほとんどその価値を失って消えてしまうでしょう。多くの人がこれらの暗号通貨に投資していたのは、「いずれ世界共通の通貨になるかもしれない」と考えていたからです。

これは1つの憶測に過ぎませんが、もしかしたら私たちは国家によるデジタル通貨の発行を前に、暗号通貨で練習をさせられていたのかもしれません。

グローバル・シチズンの法則

- **国家による「デジタル通貨」発行があるかもしれない。**
- **すべてのお金の動きが監視される時代がやってくる。**

第7ルール

私たちは誰でも「冒険の書」を持っている

新時代で成功する生き方

44億人を商圏にするアジアの時代がやってくる

2020年、アジアのGDPの総額は、アジア以外の世界各国のGDPの合計を追い抜きました。

アジアには、中国のアリババなどのIT企業やインドのZomato《ゾマト》などのユニコーン企業があります。「ユニコーン企業」とは、時価評価総額が10億ドル以上で、これから上場予定の企業のことです。

中国・武漢から新型コロナウイルス感染症が発生しましたが、コロナ禍の経済が回復した最初の国も中国です。中国では、ヘルスケアや予防医療、ワクチン開発などを行う医薬品企業が伸びています。

そして、インドでも多くのユニコーン企業が誕生しています。

例えば、One97Communicationsの時価評価額は100億ドル。

この企業は、キャッシュレス決済のPayPay《ペイペイ》にも連携されたインド最大の決済サービスです。

私自身も27歳で日本からフィリピンに渡り、不動産販売事業などで成功。

38歳のときには、多くの資産を築くことができました。

同じことを日本でやったとしても、このスピードで到達することは不可能だったと思います。やはり、**今の時代の風を読むことが必要不可欠で、間違いなくアジアに追い風が吹いています。**

アジアがこれから成長する理由は、大きく分けて3つあります。

1. 人件費が安いので作業をアウトソーシングできる

生産コストで一番高いのが人件費です。

しかし、アジア人の人件費は世界の中では安い。

2. 広大な土地に無尽蔵の資源が眠っている

日本のように、狭く資源のない島国と比べて、アジアは広大な土地に天然資源やレアアースが膨大に埋まっています。資源が今後の産業基盤となるでしょう。

3. 人口が増え続けている

人口の増加＝経済発展と言ってもよいでしょう。

世界の人口は２０２２年の時点で80億人を超えましたが、そのうちアジアの人口は44億人にも上り、55％に相当します。


国の経済力を比較したときに、一番影響を与えるのが人口です。

日本も戦後、高度経済成長期があり、交通インフラや土木建築、家電メーカー、自動車メーカーなどが世界のトップクラスにのし上がりましたが、その背景にはベビーブームによる人口増加があります。

特に、アジアは出生率が高く、日本が高齢化するのに対して、フィリピンは平均年齢が24歳と、若者が経済発展の後押しをしています。

この人口だけを見ても、経済成長するのは明らかです。

これからのアジアは無限の可能性を秘めています。

実は、日本はその中で最も地の利があります。

沖縄から飛行機の継続距離で円を描いてみてください。

1000キロ、2000キロ、3000キロでアジアの商圏がすっぽりと収まります。日本に生まれた、あるいは日本にいるだけで、世界を動かすチャンスがあなたの手の中にあるのです。

グローバル・シチズンの法則

●人口が増加している新興国に投資する。

●世界で勝負できる人になる。

人を育てる「お金の使い方」とは？

1923年9月1日、東京は「関東大震災」という未曾有の大地震によって壊滅しました。死者・行方不明者はおよそ10万5000人、被害総額は現代の金銭価値にすると10兆円以上だったと言われています。

そんな焼け野原になってしまった東京を復興させるため、陣頭指揮をとったのが後藤新平（1857〜1929）という人物でした。

医師から官僚になった人物ですが、彼のおかげで東京は見事な復興を遂げ、今では1400万人が住むほどに栄えていると言ってもいいでしょう（2023年12月時点、23区で約980万人。東京都総務局統計部）。

後藤新平が残した言葉に「金を残して死ぬ者は下、仕事を残して死ぬ者は中、人を残して死ぬ者は上」というものがあります。

これは**「大きな財産や立派な業績を作ることよりも、次世代に活躍する人を育てることが最も尊い」**という意味です。

私はあるときこの言葉に出会い、深い感銘を受けました。

私は現在、いくつかの財団を立ち上げ、そこから世の中のさまざまな問題の解決に取り組む団体・個人に資金を提供しています。

そのうちの1つが小児医療の分野です。これは、私の初めての子どもが「水頭《すいとう》症《しょう》」という病気で亡くなったことがきっかけでした。水頭症とは、頭蓋骨《ずがいこつ》の中を満たしている脊髄《せきずい》液が循環障害を起こし、さまざまな脳の障害を引き起こす病気です。

原因不明の難病であり、当時の私にはどうすることもできませんでした。

わずか3歳で息子を亡くしたことは、本当にショックでした。

3歳にもなれは、たどたどしい言葉ですが、「あれをやりたい、これをやりたい」と無邪気に要求し、よく笑い、よく泣き、よく眠ります。

歩く姿も、座っている姿も、寝ている姿さえも愛おしい存在です。

その温もりが、私の腕の中から消えていく……。

涙も枯れ果てるくらいに泣いた後、その悲しみを抱えて私は考えました。

「フィリピンには息子と同じ水頭症に苦しむ子どもたちがいる。そんな子どもたちを1人でも多く助けたい……」

私は水頭症の子どもたちを治療する施設に、毎年、収益の一部を寄付するようになりました。


私の場合、亡くなった息子が水頭症という小児系の病気だったことが、子どもの医療を支援することにつながりました。

皆さまも、世の中のさまざまな分野に課題があることを感じておられるでしょう。そのような分野に**社会貢献することは、結果として自分自身の心を救うことにつながる**と思います。

少なくとも、私の心はこの活動を通じて少しだけ軽くなりました。


もう1つ、私が支援したいのが「教育の分野」です。

自分を育ててくれた日本という国の未来を展望したとき、最も必要なのは、若い人が学び、研究する環境を整えることだと考えたのです。

そこで2022年、「KAWAJIRI FOUNDATION」という内閣府認定の公益財団法人を設立し、能力はあるけれど経済的に苦しい思いをしている大学生の支援を始めました。

例えば、最近ではこんなケースに奨学金を支給しました。

「在学中に、突然、親が亡くなり、学費を支払えなくなってしまった」

この財団を立ち上げた理由は、私が同じように経済的な理由で大学に行けなかったことです。その代わりに大学に進学した優秀な若者を支援することで、彼らに日本をもっと元気にしてほしいと考えたのです。

日本が元気を失っていることは、2022年に10年ぶりに帰国して強く感じました。そんな日本が明るくなるよう応援したいという気持ちも強くあります。

2023年5月、政府によって新型コロナウイルス感染症の分類が、2類から5類に引き下げられました。その結果、日本は平穏を取り戻したように見えますが、実際にはまだまだ、中小企業や飲食業の倒産が急増しています。

この状況は、ちょうど１００年前の１９２３年、関東大震災という未曾有の災害に見舞われ、焼け野原になった東京に似ています。

そんな日本の復興に少しでも役立ちたい、それが私の正直な気持ちです。

後藤新平には足元にも及びませんが、それでも未来に向けて「人を残すこと」に少しでも尽力したいと思います。

グローバル・シチズンの法則

- **人を育てる人生が一番上質な人生。**
- **世の中のためにお金を使うことで、自分の心も救われる。**

「目先のお金」より「人生の出会い」を求めよう

幸運の女神は人生で3回、すべての人の前を通り過ぎるそうです。

その前髪をつかむと幸せになれるのですが、私にとっては大阪に住んでいた「おばちゃん」との出会いが人生を変える〝前髪〟でした。

美容師の専門学校を卒業した私は、店を変えながら、美容室で働いていました。今となっては懐かしい転職情報雑誌『とらばーゆ』で「店長募集」という求人広告を見つけました。

当時の給与は月給25万円程度と、店長としてはやや低めでしたが、「やればやっただけ成果がある」と書かれたキャッチコピーに何か魅力を感じました。

そこで私は面接を受け、働き始めることになったのです。

面接に行くと、そこは立派なビルで、1階は女性向けの洋服を売るブティック、

2階は美容室、3階はその休憩スペース、4階と5階がオーナーの自宅になっており、2階の美容室で店長を募集していたのです。出てきたのは60代のおばちゃん経営者。大阪の一等地に何棟ものビルを持っているとのことでした。

もう亡くなられてしまいましたが、親しみを込めて、ここではあえて「おばちゃん」と呼ばせていただきます。

おばちゃんはとても優雅に暮らしていました。ブティックも経営していたのですが、「何としても売ろう！」という必死さはまったくなく、自分が好きなものを仕入れて、それをお客さまが喜んで買っていくという、のんびりした商売でした。

やがて働いているうちに、私はおばちゃんと仲良くなり、ほとんど毎日のように晩ごはんに連れて行ってもらえるようになりました。

「疲れたら3階に泊まっていっていいよ」と言われ、ずうずうしくも住まわせてもらいました。お酒好きだったおばちゃんは、夕方6時くらいになると冷蔵庫からマグロの刺身を取り出し、それをつまみにビールを飲むのが好きでした。

ご相伴《しょうばん》にあずかっていると、おばちゃんは機嫌がよくなって、波瀾万丈の苦労話を聞かせてくれたのです。私はおばちゃんの体当たり的な人生に、「こんな面白い生き方があるのか！」と魅了されていきました。

あるとき、私は思い切って「どうしたらお金持ちになれるの？」と聞いてみました。するとおばちゃんは、「自分が大好きなことを仕事にした方がいいよ」と言いました。

「まったく畑違いのことをするよりも、自分が今までやってきたことで成功を目指すのが一番王道だね」。続けて、こんなアドバイスをしてくれました。

「あんたがお金を稼ぐ方法は、『美容師として髪を切る』という方法もあるけど、『美容室を経営する』というやり方もあるんだよ。あんたはどっちかと言うと、経営する方が向いているんじゃないかい？」

そんなことを言われたのは生まれて初めてでした。

それからは、「経営って何だろう？　経営者になるにはどうしたらいいか？」

と考え、たくさんのビジネス書を読みました。

おばちゃんにお願いして、いろいろな会社の社長も紹介してもらいました。

成功している人に会って話を聞くうちに、経営者としての人生に興味が芽生えました。24歳のときです。


おばちゃんとの思い出を振り返ると、やはり、**誰と付き合うかという「環境」は本当に大きい**と感じます。サラリーマン的な美容師だった私が、商売人の感覚を身に付けられたのは、間違いなくおばちゃんのそばにいたからです。

3年ほどお世話になったとき、「自分の店を持ちたい」という志や、「経営者になってみたい」というイメージが固まってきました。おばちゃんから学んだこと、吸収したことを活かすために、次のステージに行こうと決心したのです。


もし、給料が安いからといっておばちゃんの美容室の求人を無視していたら、私は今でも大阪で美容師のままだったかもしれません。そして、これから始まる激動の時代に、ただ翻弄《ほんろう》されるだけの人生を送っていたでしょう。

だからこそ、読者の皆さまにお伝えしたいのです。

たった一度きりの人生、積極的に人との出会いを求め、つながりを大事にしてください。**目の前のお金よりも、「どんな人と出会えるか」で、働く職場を選んでみてください。**

その先には、思いも寄らない光輝く人生が待っているかもしれないのです。

グローバル・シチズンの法則

● 向き不向きの選択が経済的成功を手繰り寄せる。

● 出会いによってチャンスが生まれ、想像もしなかった未来が始まる。

私は「冒険の書」を胸に抱き、フィリピンに旅立った

厚生労働省が公表しているデータによると、日本には美容室が約26万軒あります（2023年）。一方、日本フランチャイズチェーン協会が公表しているコンビニエンスストアの数がおよそ5・6万軒（2023年）ですから、どう考えても日本の美容室は多すぎると言えるでしょう。

だから私は、お世話になった大阪のおばちゃんの美容室からの独立を考えたとき、海外で美容師をやった方が成功するだろうと考えたのです。

ただ、海外経験はハワイに行ったことがあるくらいで、ほとんどありませんでした。そこでまず、どこの国に行こうかと考えました。

普通、多くの人が思いつくのは、ロンドンやニューヨークといった、ちょっとカッコいい、オシャレな街ではないでしょうか？

しかし、私はそういう都会に行っても、ライバルが多すぎるだろうと思いまし

た。そこで、日本人の美容師が行かないところにビジネスチャンスがあると考えたのです。

日本から近い東南アジアの国々を10個くらい選び出し、2つに絞りました。インドネシアとフィリピンです。まず、インドネシアに視察に行きました。そこではピンと来なかったのですが、次にフィリピンに行ったとき、ビビッと背中に電気が流れたので、直感的にフィリピンに決めました。

当時は英語もほとんど話せませんでしたが、フィリピンから帰国して3日後には、日本の住まいを引き払ってフィリピンに向かいました。

あまりにも急な行動だったので、おばちゃんを含めて周りの人全員に、「征司は頭がおかしくなった」と思われたようです。

みんなに心配され、フィリピン行きを止められましたが、そのまま日本を出国してしまいました。当時、私は27歳でした。

もともと日本で美容師をしていたので、「日本人美容師の少ない国に行けば成功できるだろう」と自分本位に考えていたのです。

しかし、現実はそう甘くありませんでした。実際にフィリピンに移住してみたら、なんとカットに払う費用が1人500円程度だったのです。

トップスタイリストだった私は、日本では1人6000~7000円、VIPのお客さまからは数万円をいただいていましたから、本当に驚きました。

「とても美容師では食べていけない」と思い知らされたのです。

フィリピンは、30年前の日本にタイムスリップしたようでした。

まだ、現在のように高級車も走っておらず、トヨタのボロボロの車やタイのトゥクトゥク（三輪タクシー）が走っているような街でした。

「美容師としての**高い技術を提供すれば、満足してお金を払ってくれるお客さまは大勢いるだろう」という甘い見通しは完全に的外れだった**わけです。

しかし、当時のフィリピンは物価が日本の10分の1くらいだったので、贅沢をしなければ日本から持っていった貯金でしばらく滞在することができました。

友人・知人・恩人みんなに散々反対されたのを押し切ってフィリピンに来ているため、どん底状態にいながら「何としても結果を出さなければ帰れない」と意固地になっていました。

それから私は長い間、出口のない「袋小路」に迷い込んでしまいました。

わずかなお金をもらって髪を切る仕事をしながら、知り合いの家に家賃1万円で泊めてもらい、街中の一番安い食堂でごはんを食べて過ごしました。

私は1日300円の節約生活を1年ほど続け、じっとチャンスを待ちました。

グローバル・シチズンの法則

- **世の中は「想定外」の出来事でできている。**
- **人生のどん底を味わった人は打たれ強くなる。**

日本人としての「勤勉さ」は海外では貴重な財産だった

私の最大の失敗は、「他人に頼ろう」としたことです。

そして、見ず知らずの人に助けてもらおうと思ったことです。

私は現状を打破しようと、フィリピンで成功している日本人を探したのですが、教えを請うような人はいませんでした。

アメリカであれば、レストランビジネスで成功した日本人などが大勢いますが、当時のフィリピンには1人も見当たらなかったのです。

このとき、私は、**「運命は自分自身の力で切り開く」という絶対的な法則を無視していました。**

今から考えると、**現地の日本人の輪に入って、日本人のネットワークで仕事をしても、おそらくその人たち以上の結果は出せなかったと思います。**

私は試行錯誤しながら、フィリピンの人たちが求めているサービスとニーズをつかもうと考えました。ほとんど手掛かりがない中、手探りの状態でフィリピンのビジネス界で成功している人のパターンを研究しました。

例えば美容であれば、「美容業界でどのように成功しているケースがあるのか?」「飲食ではどうか?」「ITではどうか?」とひたすら調べました。

そうして、「自分で動いた」ことで、偶然にも、ビジネスチャンスがやってきたのです。

私は住宅展示場などの豪華な家を見るのが好きだったので、自分が見に行ったフィリピンの不動産物件情報を、当時流行していたSNSの「ミクシィ」に投稿していたのです。頭金なしの分割払いで手に入る物件などもあり、これは日本でもニーズがあると思いました。

それをたまたまインターネットで見た大阪の不動産会社の会長が、フィリピンに来ることになり、その案内をしたご縁で、まとめて数十軒の物件を仲介することになりました。これが、フィリピンで初めてのビジネスになったのです。

その不動産会社の会長に、「キミが選んだ物件は、日本で買いたい人が大勢いると思うから、ぜひ紹介したい」と言っていただき、不動産売買の会社法人を設立しました。私が現地で物件を仕入れ、その情報を提供して、共同事業で売るという仕組みです。

契約をはじめとする法律の相談もフィリピンの弁護士と組んで行い、書類もすべて翻訳して、日本のお客さまが物件を購入するところまできちんとサポートしました。

私に限らず、日本人なら誰でも持っている誠意や勤勉さが、海外では貴重な財産だったのです。それにしても、まさか美容師の自分が不動産屋になるとは思ってもみませんでした。

グローバル・シチズンの法則

●自分が強く興味を持ったものには、他の人も関心を持つ。
●日本では気づかない才能が、海外では花開くことがある。

「誰かの役に立ちたい」という思いだけでビジネスを始めた

私は美容師として大成したいと思っていたときから、経済的にも時間的にも自由でいられて、好きなときに好きなことができる自分でありたいと思っていました。

つまり、私の成功のイメージは、寸暇を惜しんで働くソフトバンクの孫正義さんのようなスーパー起業家ではなかったのです。正直に言うと、ひたすら会社を大きくして、際限なくお金を儲けることにはあまり興味を持てませんでした。

人生で使えるお金には限りがあると思っていましたし、使える時間も有限ですから、**自分のやりたいことをやりながら社会に貢献するのが、一番賞賛されるきれいな生き方**だと思っていました。

自分の思っていた目標額を達成するために、一番効率よく、かつフィリピンの人たちにも喜んでもらえるビジネスを考えました。

そして、不動産業の傍ら取り組んだビジネスが、いわゆるマイクロファイナンスと呼ばれる「小口融資」でした。フィリピンには中小企業や個人の起業をサポートするような金融機関がなく、お金を借りることが非常に難しかったからです。

こちらもアイデアはよかったのですが、最初は大失敗しました。担保なしで1万円から貸していたのですが、7割くらいの人がお金を返してくれませんでした。

今から思うと、お金を貸すのではなく、お金を配っていました(笑)。

このときは、日本人特有の性善説的な性格が、ビジネスの足を引っ張りました。ほぼ全財産を失い、再び、「日本に帰るしかない」というところまで追い詰められました。

その失敗を反省して、今度は担保をいただいてお金を貸すようにしました。すると、7割くらいの人がお金を返してくれるようになり、返してもらえない場合でも担保があるので、うまくビジネスが回り出したのです。

その後は、不動産開発やホテル建設といった一般的な金融業務を始めました。

もともと美容師という狭い世界しか知らなかった私が、金融の世界でグローバルにビジネス展開するとは思いもしませんでした。しかし、**「誰かの役に立つことをしたい」という視点を持ったとき、道は次々と開けていったのです。**

失敗を謙虚に受け止め、改善し、学び続けていく姿勢こそが、ビジネスでは最も大切なのかもしれません。

グローバル・シチズンの法則

- **失敗を怖れずに飛び込むことで、新しい世界が開ける。**
- **お金で人助けをしながらお金を儲ける方法もある。**

人とつながり、愛を与え、愛を受け取ろう

臨死体験をした人たちは、共通して死ぬ寸前にこのような夢を見るそうです。

「高級な腕時計を買った、豪邸に住んだ、大金を稼いだ。そんな映像は1つもなく、人生で出会った人たちとの幸せな思い出だけだった」

楽しかった記憶しか、あの世には持っていけません。

私が人生で一番やりたかったことは、世界中を旅して、多くの人に出会うことです。激動の時代において大切なのは、人と人との「心のつながり」です。

どんなに巨富を築いても、誰ともつながらず、愛を与えたり、受け取ったりすることができなければ、幸せな人生とは言えません。あなたがつながりを大切にする相手は、恋人か、家族か、あるいは仕事仲間かもしれません。

笑顔の触れ合いができれば、離れていても幸せを感じることができます。

人生の幸せは「誰を愛せたのか」「誰に愛されたのか」で決まっていきます。

これからの新しい出会いを楽しめるかどうかが、人生の分かれ道です。

逆に、人とつながることができず、人を愛さず、愛してもらえなかったとしたら、とても惨めで寂しい人生になるのではないでしょうか？

実は私は、自分から他人に声をかけるのがとても苦手です。

しかし、人とつながることを怖れていては、幸せを受け取ることはできません。

怖くても、勇気を出して最初の一言を投げかけてみてください。

生きているだけで「サラップ・ナン・ブーハイ！（人生は最高！）」なのですから。

グローバル・シチズンの法則

- **究極の幸せとは人とつながり、愛を与え、愛を受け取ること。**
- **この世に生まれてきただけで最高の財産を受け取っている。**

おわりに　自由と成功は足元に落ちている

ここまでお読みいただき、ありがとうございました。

この本でお伝えしたいことは、**「時代は大きく変わる」「古い常識を捨て去ろう」「お金そのものを見直そう」「世界で活躍する志を持とう」「人とのつながりを大切にしよう」「お互いに愛し合おう」**ということです。

もっとわかりやすく言うと、**「自分を縛る鎖から解き放たれて、もっと自由に生きよう」**ということでもあります。

私はカネなし、コネなしの状態からフィリピンに渡って、不動産仲介をきっかけに、金融業・投資事業・ホテル事業を営むようになりました。

この経歴と資産は、「古い時代の常識」で見れば大変な成功に見えるかもしれません。しかし、これからやってくる「新しい時代」には、もっと別の財産が大きな価値を持ちます。それが、「グローバル・シチズン」という生き方です。

本書では、私がフィリピンで経験したこと、人生で出会った人たちから学んだこと、新時代を生きるために必要なことを余すところなくお伝えしてきました。

この本を読み終えた皆さまは、新しい時代を生きる一歩を踏み出したと言っても過言ではありません。そして、本書が皆さまの人生を変える1冊となり、「旅立ちの書」「冒険の書」となったら、これ以上に嬉しいことはありません。

本書の執筆には、とてもたくさんの方にご協力いただきました。国際ビジネス大学校の中谷昌文さん、出版プロデューサーの吉田浩さん、編集協力の大川朋子さん、奥山典幸さん、関和幸さん、及川聡さん、そして、扶桑社の吉田淳さんに心からお礼を申し上げます。

最後になりましたが、読者の皆さまに心からの感謝を送ります。
皆さまの人生という旅路が、幸せなものでありますように!

フランス・パリにて　川尻征司

デザイン
重原 隆

出版プロデュース
株式会社天才工場（吉田 浩）

編集協力
株式会社マーベリック（大川朋子、奥山典幸）
海老沼邦明、嶋屋佐知子

構成
関 和幸

DTP
小山弘子

校正
ぷれす

写真
Getty Images（帯）

協力
中谷昌文、及川 聡

川尻征司
（かわじり・せいじ）

公益財団法人KAWAJIRI FOUNDATION
創設者【内閣府認定】

1982年、兵庫県芦屋市生まれ。
2022年3月に設立した公益財団法人KAWAJIRI FOUNDATIONでは、学業優秀でありながら経済的な理由により学費の支弁が困難な大学生に川尻育英奨学金を給付し、支援している。
また、世界をつなぐアートプロジェクト「DANDELION PROJECT」のサポートや「tHE GALLERY HARAJUKU」の設立など、アート&カルチャーの新潮流を作るアーティストの支援を行う新世代ギャラリストとしても活動している。

公益財団法人 KAWAJIRI FOUNDATION

GLOBAL CITIZEN
グローバル・シチズン
世界標準の自分らしく夢を叶える7ルール

発行日　2024年３月30日　初版第１刷発行
　　　　2024年８月９日　初版第３刷発行

著者　川尻征司
発行者　小池英彦
発行所　株式会社 扶桑社
〒105-8070
東京都港区海岸1-2-20　汐留ビルディング
電話　03-5843-8843（編集）　03-5843-8143（郵便室）
www.fusosha.co.jp
印刷・製本　信毎書籍印刷株式会社

ISBN978-4-594-09711-0